リーダーのための「レジリエンス」入門

PHP
Business Shinsho

Koji Kuze
久世　浩司

PHPビジネス新書

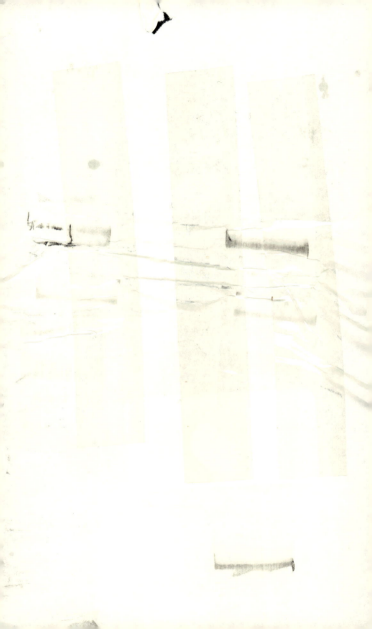

はじめに　――なぜ今、「打たれ強さ」なのか

カリスマリーダーの限界

この本は、おそらくレジリエンス・リーダー[1]について書かれた最初の本ではないかと思います。レジリエンス・リーダーとはずばり、『打たれ強いリーダー』を指します。

組織・経営学者がまとめた学術的なリーダーシップ論や、著名な経営者が自伝的に書き残したリーダー本は数多くありますが、『打たれ強いリーダー』について心理学的な知見を踏まえて語るビジネス書はあまりないと思います。

そんななか、私が今、この本を執筆したのには理由があります。それは、今の日本に「新しいリーダー像」が必要だと考えるからです。それには3つの理由があります。

1つ目が、「カリスマリーダーの限界」です。今までリーダーの模範とされたアメリカ的な「強権型リーダー」に限界が来ていると感じるからです。20世紀には大声を張りあげて集団を率いるようなリーダーが求められていましたし、実際、そのようなリーダーは活

1　正しくはResilient Leaderですが、本書では著者の作った造語として「レジリエンス・リーダー」を使っています。

躍し成果もあげていました。社員もそんなリーダーを頼りとし、ついて行きました。

ところが、現在の企業組織では、カリスマだけでは人がついてきません。その理由の1つに、組織で働く多くの人たちが、ピーター・ドラッカーのいう「知識労働者」にシフトしたことが考えられます。

知識労働者はそれまでの労働者（ワーカー）と異なり、専門的な知識を自らの資本とする「ナレッジワーカー」です。その知識を武器として結果を出しています。

昭和の時代は本社に鎮座するカリスマリーダーが「右向け、右！」という指令を発すれば、業務が滞り無く進んでいたのかもしれません。しかし、変化のスピードが増した現代では、最前線にいる社員をエンパワーし権限委譲しないことには、本社がガラパゴス化し、市場の変化に取り残されてしまうリスクがあります。知識を武器として、フロントで意思決定できる社員が、命令に従うフォロワーよりも活躍できるのです。

そして、ナレッジワーカーが増えるにつれて、カリスマリーダーはリスペクトされにくくなります。知識を武器とする部下は上司よりも豊富な知識をもっているので、リーダーに、いくら経験に裏打ちされたカリスマ性があったとしても、その経験や知識が時代遅れとなってくるからです。若手に「あの人はわかっちゃいないよ」と馬鹿にされる現象は、こうして起こります。

２つ目の理由が、「グローバル化」です。今の日本企業は急速にグローバル化していいます。大企業はもちろん、中小企業のグローバル化が目覚ましい勢いで進んでいます。私はシンガポールに住んでいるのでその流れを実感しています。地方の会社や飲食店が、東京に進出する前にまずシンガポールに海外拠点を構え、そこからアジア新興国に展開しようとするケースが目立ちます。

グローバル化が進むと、私たちビジネスパーソンにはどんな新しい能力が必要とされるのでしょうか。語学力も大切です。異文化理解も重要です。しかし、それだけでは海外で生き残っていくためには充分ではありません。

私は「変化適応力」が必要だと考えています。変化に抵抗するのではなく、変化を積極的に受け入れ、柔軟に対応できる力量をもつ人材が海外では必要とされているのです。なぜなら、国内と違って海外では予想外のトラブルや失敗、そして試練や修羅場がつきものだからです。予測不能な将来や不確かな状況の中で前に進んでいくメンタルのたくましさが欠かせません。つまりリーダーに高い変化適応力がないと、海外にいくら人材を派遣しても、任期途中で「失敗駐在員」として出戻りしてしまいます。

3つ目の理由が、「リーダーのメンタル面での課題」です。多忙とストレスと業務のプレッシャーを抱え、日夜ハードに仕事をしているリーダーのなかには、体だけでなく心が疲労している人が増えています。その結果、バーンアウト（燃え尽き症候群）やうつ病などのメンタルの問題に直面する人が少なくありません。心が折れてしまうのです。

会社への忠誠心が強く、まじめでがんばり屋なリーダーほど、キャリア半ばで精神面が原因で挫折してしまう。これは本人にとっても、組織にとっても不幸なことです。

この問題の根本には、リーダー自身が自分の仕事を「感情労働」だと認識していないことがあります。感情労働とは、労働内容の不可欠な構成要素として、「適切な感情の在り方」が規定されている仕事を示します。看護師や接客サービス業務など、対人関係が伴う職務が感情労働の代表とされてきました。

しかし、現代社会では、リーダーという仕事も感情労働とカテゴリされつつあります。なぜなら、部下やスタッフが「多様化」し、ピープルマネジメントで感情をすり減らすことが多くなっているからです。たとえば、正社員の女性と派遣・パート社員の女性を管理するリーダーがいます。ただ、派遣・パート社員の職務内容が正社員とかなり似ていた場合、「なぜ同じような仕事なのに待遇が違うのか」と不満をもたれることがあります。そのときに、リーダーは説明責任を負わなくてはいけません。これだけで気疲れするマネージャーも少なくありません。

また、組織の若返り化や定年延長とシニア社員の再雇用などの人事改革により、年長の部下をもつリーダーが増えています。さらには女性活用支援の推進により、女性マネージャーが男性の部下をもつことも当たり前となっています。これも感情面で気を使います。

外国人社員との人間関係も神経をすり減らします。直接の部下ではなくても、チームリーダーとして買収先などの外国人社員がいた場合、慣れない英語で、自己主張が強く感情を前に出す外国人社員と関わらなくてはいけません。この状態が続くと、ストレスを抱え、精神面でまいってしまいます。

さらには、メンタル面が弱い部下の面倒を見る場合もあります。心が脆弱になっているので、叱るに叱れない。下手な対応をすると、欠勤・離職につながる恐れがある。かといって何もしないと本人の仕事が進まない。気を使うリーダーの心が疲れてしまいます。

打たれ強いリーダーの共通点

このように、今の組織では、カリスマ的な強権型リーダーに限界が見られ、グローバル化が進むにつれて新たなたくましさをもつリーダーが必要とされ、さらには感情労働者として悩むリーダーのメンタル面での課題が出てきているのではないかと考えられます。

これは必ずしも企業だけの問題ではありません。行政や役所、警察署や消防署などの公的機関にも、医療や介護、学校教育に関わる人にも見られる課題です。今までにない、新しいリーダー像が求められているのです。

私自身、リーダーとして新しいスタイルを探し求めていました。そして『打たれ強いリーダー』になりたいと考えていました。自分には人を惹き付けるような魅力も、大声でグループを引っ張るようなパワフルさもない。人前に出たり飲み会やパーティーに参加するよりは、自宅で本を読むことを好む内向的なタイプでもありました。ただ、目標を達成したい、夢を実現したいという熱意は人一倍あり、負けず嫌いであきらめにくいという忍耐力はありました。カリスマリーダーのような派手さはないけれど、試練に負けず、失敗してもすぐに立ち直る『打たれ強いリーダー』が自分には合っているのではないか。そう考えていたのです。

そこで、まずは自分のお手本となりうる『打たれ強いリーダー』への取材を重ねました。その内容を自分が専門とする「レジリエンス」の観点から見たときに、リーダーたちにはいくつかの共通点があることに気づきました。

第1に、「自己認識力が高い」点。

第2に「どん底を経験していた」点。私は打たれ強いリーダーは、生まれながらにして精神的にタフで打たれ強いのだろうと思っていましたが、それは違うようです。

第3に、「ピープルファースト」である点。自分より他者を優先させるのです。

詳細は序章で解説します。

危機に必要なのは「後方に立つ」リーダー

独立前、長く勤務した外資系企業で批判的思考が養われた私は、とくにピープルファーストである点について、「たしかにそれは美しい話だけれど、本当にそれで組織を率いることができるのだろうか。結果を出すためには、リーダーが前に立って先導しなくてはいけないのではないか」と疑問に感じていました。

そんなときに偶然目にしたのが、村上龍さんが司会を務めるTV番組『カンブリア宮殿』でした。その番組に、トヨタ自動車の豊田章男社長がゲスト出演していたのです。

豊田章男社長といえば、リーマンショック後に業績が急激に落ち込んだトヨタを建て直すために急遽53歳の若さで社長に抜擢された豊田家の御曹司です。ところが、就任時の71年ぶりの営業赤字という業績の逆境に加え、その後も数々の問題が豊田社長に降り掛かります。就任の翌年には世界規模のリコール問題が発生し、米下院の公聴会で矢のような鋭い質問に社長自ら答える事態となりました。そして2011年の東日本大震災、その後のタイの大洪水、さらには超円高など、豊田社長の就任後は逆境続きだったのです。

修羅場をくぐり抜ける際に、豊田社長が自分に言い聞かせていた言葉が「自分はトヨタのしんがりとしてこの名前を守り抜く」ということでした。殿《しんがり》とは、戦術的に劣勢な状況において軍が後退する際に、本隊の最後尾に属し味方を掩護することを目的とする最も危険な任務です。

矢面に立ちながらも、トヨタのDNAを後世に継ぐことがリーダーとしての役割だという言葉を豊田社長の口から聞いたときに「これだ！」と思わず膝を叩きました。

『打たれ強いリーダー』たちが語った「ピープルファースト」とは、ただの美辞麗句ではなく、組織が短期的な危機的状況のときに長期を見据えたリーダーがなすべき役割だったのです。商品や建物は年月と共に変わりますが、時代を超えて残るものは、結局のところ人であり、人の中に流れている企業体としてのDNAなのです。

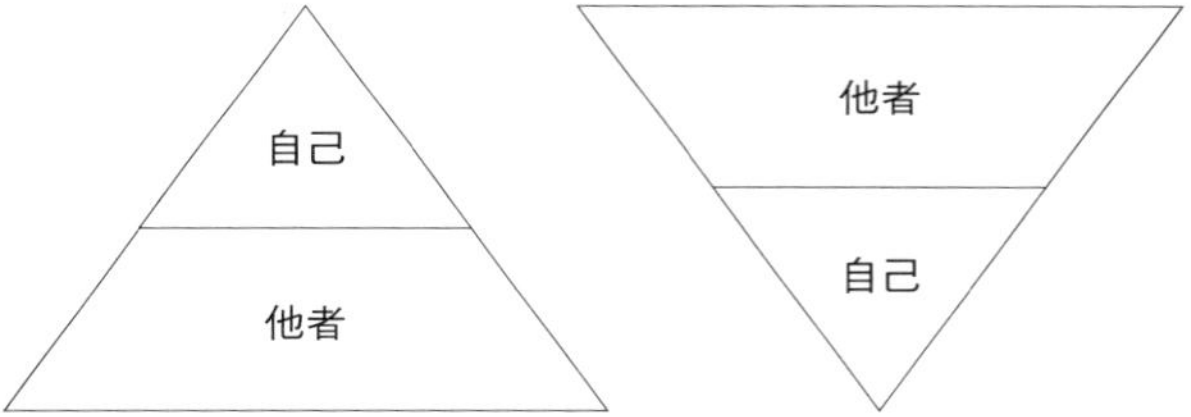

打たれ強い「レジリエンス・リーダー」の頭の中には、図の右のようなイメージがあるのでしょう。これはアメリカ的なカリスマリーダーの考える役割（図の左）とは異なります。自分が目立つ位置に立って、ビジョンを掲げ、目的を示し、「右に行け！」「左に行け！」と叱咤激励する強権型アプローチとは別物です。

集団全体が見える後方に立ち、個々人の強みや専門性を見極めながら、背後から指揮するタイプのリーダーシップです。そして失敗や困難などの逆境に直面したときには、「しんがり」として仲間を守る矢面に立つ。そのときには、後方がフロントとなるからです。結果、集団の力を最大活用できるので、逆境を乗り越えられるのです。

これはとても日本的なリーダーのあり方だと私は思います。実際、今回取材を行ったリーダーを心理学的な側面から観察したときに見いだされた「不屈の精神」「利他性」などの強みは、そのどれもが私たち日本人が古来からもつ強みでした。外国人であればこれらを「サムライ・スピリット」と称するでしょう。

私は『レジリエンス・リーダー』とは、古くて新しい「メイド・イン・ジャパン」のリーダー像ではないかと考えています。輸入物のスタイルに違和感を抱いてリーダーになりきれない私のような人にも、馴染みやすいのではないかと思います。

日本人の価値観に合ったリーダーシップ・スタイルであれば、より多くの人が習得でき、国内でも世界でも活躍していける。日本的なリーダーが数多く輩出されること、それこそが今の日本に最も足りないことであり、強く望まれていることだと考えます。

本書の仕組み

本書では、まず序章で打たれ強いリーダーの基本となる「レジリエンス」とは何かについて説明します。その後の本章では、打たれ強いリーダーがもつ5つの強みを、リーダーたちのリアルな事例と共に紹介します。できれば、自分の先輩やメンターから話を聞くような気持ちで読んでいただけたらと思います。各章末には、私がそれぞれのリーダーから学んだ教訓をまとめています。あくまで参考程度にしてください。他者の人生体験から何を本質的に学ぶかは、人によって異なります。

巻末には、「レジリエンス・リーダーになるための必読の15冊」を紹介しています。打たれ強いリーダーになるための知識を深く掘り下げるために活用してください。

また、読了後すぐ自分を変えるアクションを望む人に向けた「今日からできる！　レジリエンス・リーダーの7つの習慣」も付録しました。シンプルですぐ実行できます。

一人でも多くの人が、打たれ強い「レジリエンス・リーダー」となって活躍することを願っています。なぜならば、それが仕事の充実につながり、人生のやりがいになるからです。本書がその助けとなれば、幸いです。

2014年12月

ポジティブサイコロジースクール　代表

久世　浩司

リーダーのための「レジリエンス」入門◆目次

第1章　胆の据わった「楽観力」という強み

第2章 「持続可能な熱意」という強み

第3章 聖人君子でない「利他性」という強み

第4章 「根拠ある自信」という強み

第5章 意志の力が支える「勇気」という強み

序　章

レジリエンスとは何か？

変化や危機は避けられない

レジリエンスとは、「逆境や困難、強いストレスに直面したときに、適応する精神力と心理的プロセス」（全米心理学会）と定義づけられる、最近注目を浴びている考えです。海外では30年以上もの間研究が続けられ、学校教育から企業のリーダーシップ研修にまで応用されていますが、日本国内で知られるようになったのはまだ最近です。

２０１４年の春にＮＨＫの人気番組である『クローズアップ現代』で、「折れない心の育て方～『レジリエンス』を知っていますか?～」という特集が組まれたことが、幅広い層にレジリエンスが知られるきっかけとなりました。

個人レベルだけではなく、組織や国家レベルでもレジリエンスに注目が集まっています。スイスで毎年1月に世界各国からの政治・経済の要人が集まって行われる「世界経済フォーラム」（通称：ダボス会議）では、２０１３年のテーマとしてレジリエンスが議論されました。世界的な異常気象と地震・津波などの災害、そしてリーマンショックにより明らかになった金融システムの脆弱さに耐えうる強靭な国家が必要とされたのです。

「変化や危機は避けられないもの」と捉え、「変化に適応できるように自分たちが変わらなくてはいけない」という積極的な姿勢がグローバルの政界・経済界のトップの主流になりつつあります。この変化と危機への対応力は、企業でも必要となっています。とくにリーダーの要件としてレジリエンスが加えられる会社がグローバル企業で増えています。

世界最大の売り上げを誇るエネルギー会社ロイヤルダッチシェルや、世界最強の投資銀行といわれるゴールドマンサックスでも、レジリエンス研修が導入されています。国内でも部課長向けにレジリエンス・トレーニングを取り入れる先進的な企業が増えました。メンタルヘルス研修としてではなく、より前向きなマネジメント研修として、です。

リーダーにとっては、レジリエンスの重要性は増すばかりです。ストレスが多く、多忙さも増すばかり。業界の変化も早くなり、組織改革やコンプライアンス関連の社内ルールの変更など内部での変化も頻繁です。さらに職場の異動や海外の現地法人への転勤、国内の子会社への出向やスタッフ業務からライン業務への変更など、リーダーは数々の変化にさらされています。それらの変化に適応していかなくてはいけません。

ストレスに強いリーダーが必要

どのような状況でも仕事の能力を発揮できるレジリエンスの高い人の特徴としては、次の3つが挙げられます。

1つ目が「回復力」です。逆境や困難に直面しても、すぐに元の状態に戻ることができる、しなやかさをもった心の状態です。メンタルの強さともいえるでしょう。

2つ目が「緩衝力」です。ストレスや予想外のショックなどの外的な圧力に対しても耐性がある弾力性のある精神です。打たれ強さということもできます。

3つ目が「適応力」で、予期せぬ変化に抵抗するのではなく、それを受け入れて合理的に対応する力です。これこそが、変化が頻繁に起きるリーダーにとっては必要不可欠な能力です。

私はレジリエンス・トレーニングの講師を専門とし、多くの企業や公的機関でレジリエンスの技術を教えてきました。最近では講演・研修の依頼も増え、企業内でも講師を内製化するニーズが高まってきたので、志のある方を講師に養成するコースも実施しています。また、学校でのレジリエンス・トレーナーの育成にも関わってきました。

そのなかで私がとくに注力するのが、企業の部課長をはじめとしたマネジメント層へのレジリエンス教育です。この層はストレスもプレッシャーも高く、心が折れてしまう人が増えています。海外でも、従来のストレスマネジメントに代わる研修として、企業や学校、軍隊や警察、刑務所のマネージャー層やリーダー層にこのトレーニングが導入されています。レジリエンスのトレーニングを受けたリーダーは、部下からの信頼度が増すというデータもあります。「この人は逆境にあっても大丈夫だから、ついていって安心だろう」と思わせるのです。

レジリエンスを鍛える3ステップ

失敗やストレス体験を克服し、変化に適応するグローバルスタンダードとしてのレジリエンスには、3つの段階があります。これを私は「レジリエンス　1－2－3ステップ」と呼んでいます。それぞれの段階で必要な技術を習得することで、誰にでもレジリエンスの能力は獲得することができます。そのステップを説明します。

1つ目が「底打ち」です。私たちは失敗するとストレスを感じ、精神的に落ちこんでしまいます。その原因は不安や心配などのネガティブな感情が原因となった悪循環です。まるで渦巻きに巻き込まれて海の底にずるずると落ちていくような憂鬱感や、イライラが延々と続き怒りの感情がいつまでたっても収まらない苦しさを感じます。

この「ネガティブ連鎖」を断ち切らないことには、レジリエンスの次の段階には進めません。ネガティブな感情の悪循環からどうすれば脱出できるのか、ここで学びます。

2つ目が「立ち直り」の段階です。精神的な落ち込みを底打ちすることができたら、次は元の心理状態へ回復することが目的となります。レジリエンスの強い人は、失敗や挑戦を怖れません。うまくいかずにつまずいても、すぐに立ち直ることができるからです。

早期に立ち直るために欠かせないのが「レジリエンス・マッスル」です。これは再起のために必要な心理的な筋肉といってもいいでしょう。このレジリエンス・マッスルが普段の生活で鍛えられることによって、ストレスやプレッシャーに対しての緩衝力となるだけでなく、逆境を乗り越えて前進する原動力となります。

そして3つ目が「教訓化」です。困難を乗り越えて元の状態に回復した後に、過去の逆境体験を静かに振り返り、次につながる意味を学ぶ内省の段階です。ここで得られた教訓は、その後出会うチャレンジに活かされます。強くたくましく賢く、成長することができるのです。

私が教えるレジリエンス・トレーニングは、欧州を代表するポジティブ心理学者のイローナ・ボニウェル博士が開発したものをベースとしています。そのトレーニングでは、長年のレジリエンスの研究に加え、うつ病の治癒に効果があるといわれている認知行動療法、人の活力と幸福度を高める実証研究であるポジティブ心理学、そして逆境体験後の成長を研究したPTG（トラウマ後の成長）の4つの研究が土台となった独自のものです。

このトレーニングでは、先ほど説明したレジリエンスの3段階に対応した、より具体的な「レジリエンスを高める7つの技術」を講義・演習する形式をとっています。その技術は決して難しいものではなく、仕事やプライベートの生活にすぐに持ち帰り応用できる実用的なものばかりです。

レジリエンス　ステップ1『底打ち』

- **第1の技術：ネガティブ感情の悪循環から脱出する**
- **第2の技術：役に立たない「思い込み」をてなずける**

レジリエンス　ステップ2『立ち直り』

- **第3の技術：「やればできる」と信じる自己効力感を身につける**
- **第4の技術：自分を特徴づける「強み」を活用する**
- **第5の技術：心の支えとなるソーシャル・サポートをもつ**
- **第6の技術：感謝のポジティブ感情を豊かにする**

レジリエンス　ステップ3『教訓化』

・第7の技術：痛い体験から意味を学ぶ

既存の「強み」を活用せよ

私が今回『レジリエンス・リーダー』の調査をするなかで、とくに注目したのがレジリエンスにおける第4の技術でもある「自分を特徴づける『強み』を活用する」ことです。レジリエンスの高いリーダーであれば、必ず自分独自の強みを自覚し、それをリーダーとしての職務に活かすだけではなく、ピンチや逆境に直面したときにそれらを乗り越えるために意識的に使っているのではないかと考えたからです。

実際、レジリエンスの高い人は、

・自分の強みは何かを把握している
・自分の強みを平時から磨いている
・自分の強みを有事に活かすことができる

という点に特徴があります。強みにフォーカスした生き方・働き方をしているのです。

その一方でレジリエンスの脆弱な人、失敗にすぐに負けてあきらめてしまう人の特徴は、

・自分の強みが何かを知らない

・自分の強みを磨く時間がない

・自分の強みをいざというときに活かすことができない

と考えられます。

私がこれまでレジリエンスを教えてきたビジネスパーソンのなかには「自分には強みといえるようなものはない」と言う人がいました。しかし、そんなことはありません。強みがないのではなく、自分の強みをまだ把握していないだけです。自分のなかにすでに強みという「宝物」があるのですが、それに気づかずに過ごしているのです。

私たちは自分を象徴づける強みを見出したときに、純粋な喜びを感じます。強みは発見されるのを待っているのです。

同時に研究によって、強みは見つけるだけでは不充分だということもわかっています。それは自分の性格を自己診断して「私はこんなタイプなんだ」と知的好奇心を満たしただけの自己満足に終わる場合と似ています。強みは見つけるだけでなく、活かさなくてはいけないのです。強みを活かすと、さまざまなメリットがもたらされます。

・仕事の能力や仕事への充実度、目標達成度が高い

・強みを頻繁に使うことで、自尊心が上向く
・活力が生まれ、ストレス耐性ができ、気持ちが落ち込んだときの回復力が早い
・部下の強みに注意を払うリーダーは、部下の働く意欲を格段に引き出す

仕事の成果は、自分に与えられた強みを最大限に活かすことでもたらされます。自分の強みを活かすことが、仕事で意味のある違いを生む秘訣なのです。強みによって私たちはより生産的になり、より仕事で満足することができ、より人生や仕事の意義に対しての達成感をもつことが可能となります。

経営学者のピーター・ドラッカーも「何事かを成し遂げられるのは、強みによってである。弱みによって何かを行うことはできない」という言葉を残しています。

彼のいうとおり、一流の仕事をしている人は、自分の強みをよく理解しています。そしてそれらを磨くことに注力し、自分の強みを活かす仕事や役割を見つけることに非常に熱心です。自分の働き方とそのキャリアを自らの強みをベースにデザインしているのです。ときには、前任者から受け継がれた職務内容を、自分の強みに従って自分仕様にカスタマイズすることもします（これを「ジョブ・クラフティング」といいます）。一流の人ほど、強みにこだわりがあります。

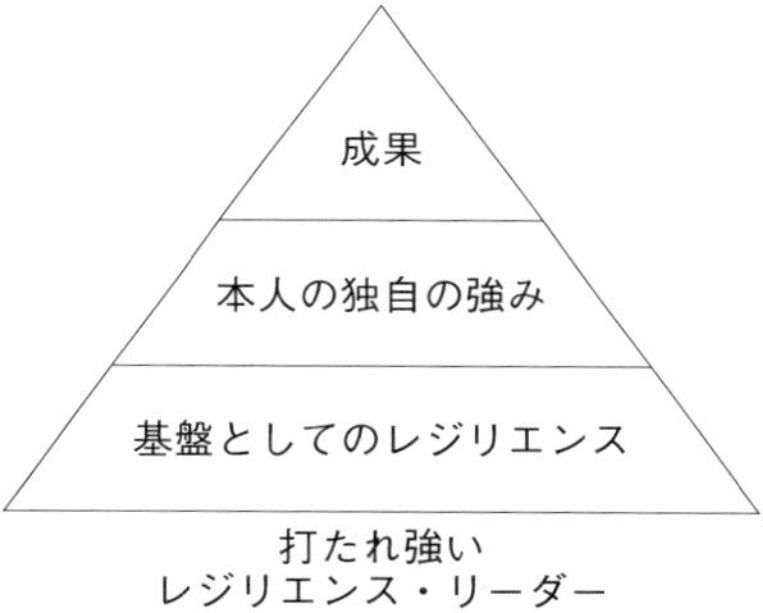

こうして私は、『レジリエンス・リーダー』は、ただ打たれ強いだけでなく、本人独自の強みを知り、それを活かしていることに特徴があると考えました。

まず、基盤としてのレジリエンスがある。ビジネスの世界ではそれだけで、失敗に強く逆境に負けない、打たれ強いプレーヤーとして充分に活躍していけるはずです。そのようなメンタルが強い人材はどの業界でも求められています。

しかし、リーダーとしては、それだけでは不充分。自分を差別化できる何かが必要です。「カリスマリーダー」であれば、人を惹き付ける魅力でしょう。生まれ持った外見や過去の成功体験、現在の高い地位などが含まれます。カリスマ性のある人は限られていますが、基盤としての回復力や立ち直りの早さに加え、本人の際立った独自の強みがあれば、打たれ強いレジリエンス・リーダーとして自己確立できるというわけです。

生まれつきの能力は不問

『レジリエンス・リーダー』は生まれながらにして打たれ強かったとは限りません。少なくとも私が取材を重ねたリーダーたちは、以前は小心者だったといっています。現在も仕事柄人と接する機会が多いけれど、実は内向的で、自宅で1人で読書をしたり思索に耽ったりして内省的な時間を過ごすほうが好きだといいます。

「はじめに」にも書いたとおり、レジリエンス研究の観点から見て、彼らにはいくつかの共通点があります。重要なポイントなので再度詳しくまとめます。

①「自己認識力が高い」

彼らは自分を理解する努力を惜しまない。積極的にコーチやカウンセラーについている人もいれば、社長になっても講座やセミナーに参加して勉強することを怠らない人もいる。一番興味をもっていることは、ビジネススキルや経営のノウハウではなく、自分自身について。読書好きも多く、本を読みながら自分の新しい側面を見出している。

②「どん底を経験していた」

打たれ強いリーダーは、生まれながらにして精神的にタフで打たれ強かったと思い込みがちだが、今回インタビューをした誰もが人生やキャリアのどこかで精神的などん底を経験していた。そして、どん底を経験したからこそ、リーダーを志し、今でもリーダーとして活躍できている。逆境が、リーダーとなるためのトリガーイベントとなった。

③「ピープルファースト」

彼らは自分より他者を優先させる。自己認識力が高く、仕事の能力も高い。そのうえ自分本位ではなく、いかに周りの人を動機づけして、奮い立たせるかを日夜考えている。そしてどんな人に対しても、自分との関わりにおいてポジティブなインパクトを感じてほしいと望んでいる。これは私利私欲がないという意味ではなく、打たれ強くなるためには君子たれという意味でもない。むしろ、『レジリエンス・リーダー』になるためには、大きい野心と強い情熱をもっていることが重要だと考えられる。

このタイプのリーダーは過去の「どん底」で自分の無力さを身にしみて体験しているため、大きな目標を実現するためには自分1人の力では無理だということを熟知している。

エゴが前に出てしまったがために他人に迷惑をかけた経験、悔やんでも悔やみきれないような経験、自分ではどうにもできないほどの試練にもがき苦しんでいたとき人に助けられた体験。それらの経験を経た後に、「自分は人に役に立つリーダーになろう」と自覚する瞬間が自然に訪れたのである。

レジリエンス・リーダー　5つの強み

自分の独自の強みは、なかなか気づけるものではありません。人は自分の足りない所や弱みには敏感ですが、強みとなると把握しづらいものです。

自己の強みを理解するための便利なツールが心理学者によって開発されています。私のお気に入りはアメリカのＶＩＡ研究所が著作権をもっている「ＶＩＡ－ＩＳ」です。15～20分ほどの時間があれば無料で自己診断できるツールを提供しているので、興味のある方はこちら（http://www.positivepsych.jp/via.html）から試してみてください。

自己診断とは別の方法が、他者の力を借りることです。上司に自分の強みを指摘してもらうことは、それだけで本人の仕事への意欲を高めます。家族に聞いてみるのもいいでしょう。できれば、ボキャブラリーが豊富で、相手の強みを的確に見出すスキルをもったコーチやカウンセラー、コンサルタントのお世話になると理想的です。

本人の真の強みは、人生における「どん底」ともいえる逆境体験を乗り越えたときに発揮されていることが多いのです。逆境体験を聞いてもらうことで、自分でも気づかなかった独自の強みが他者によって発見されることもあります。

私は今回、5人の『レジリエンス・リーダー』を取材するなかで、その驚くような人生体験に魅了されながらも、本人たちが逆境を乗り越える際に活用した強みをすくい出してみました。

今回幸運にも、自分のつらく苦しかった逆境体験を率直かつわかりやすく自己開示してくれるリーダーに恵まれ、なかには自らペンをとって「逆境グラフ」を描いて解説してくれた親切な人もいました。

その人たちから見出した「レジリエンス・リーダーのもつ強み」が以下の5つです。

- **胆の据わった「楽観力」**
- **持続可能な熱意**
- **聖人君子でない「利他性」**

・根拠ある自信
・意志の力が支える「勇気」

これらに序列はなく、すべてが備わっていないと『レジリエンス・リーダー』になれないというわけではありません。

皆さんの内面にも、これら5種類の強みのうち、1つまたはいくつかが必ず隠されているはずです。そして、それらの強みを既に仕事やプライベートな生活で発揮しているはずです。というのも、これらは特別な強みではなく、レジリエンスの力と同じように、誰もがもっているものだからです。

さらに、これらは日本人が伝統的にもつ国民の強みでもある、と私は考えます。

私たちに楽観力がなければ、これだけ地震や台風などの自然災害の多い国で、暮らし続けることはできなかったでしょう。被害を受けてもすぐに再建できるという楽観があったから、災害王国日本に数千年も住み続けてきたのです。

心理学でグリットと呼ばれる不屈の精神と持続可能な熱意、そして意志の力に裏打ちされた勇気は、新渡戸稲造が世界に侍精神を紹介した英語の書籍『Bushido（武士道）』でもサムライの徳性として表されています。

利他性は、自分よりも他者や会社、国家を優先する行動に結びつきます。そして自己効力感は、目標に対して「やればできる！」という自信と信念を示します。これらは、戦後の昭和時代に、焼け野原になった日本に幻滅することなく、「世界に通用する日本」を実証するためにグローバルに打って出た、ソニーやホンダ、トヨタや松下の創業者・経営者がもつ強みではなかったかと思います。

自分にないものであれば、学び獲得することは難しいと感じるものです。しかし、その強みが日本人の血として流れ、DNAとして受け継がれているとしたら、後はそれを見出し引き出し、磨き上げて活用するだけです。

自分を偽らないリーダーが成功する

『レジリエンス・リーダー』は、打たれ強さを基盤としてもち、その上で独自の強みを発揮することで、成果をあげるリーダーだと書きました。そしてその強みとは、心や感情が揺さぶられるようなつらい体験のなかで、もがき苦しみながらも乗り越えた逆境の経験で見出された確固たるものです。

本書に登場するリーダーたちも、どん底を経験したからこそ、自分のことをよく知っています。自分の強みも弱みも、価値観も信条も、好きな人も嫌いな人のタイプも熟知しています。その結果、自分らしさを貫いているのです。「カリスマリーダー」のような理想的なリーダー像に近づくために、自分に無理を強いて思考と行動が不一致のストレス状態に陥ることがありません。自分を偽って飾る必要性を感じていないのです。

自分は自分でいいと考えている。いつも自然体でいられる。そしてその結果、リーダーとして成功されています。

人は自然体でいるときが、一番打たれ強いのかもしれません。現実を歪曲せずにそのまま直視して、問題にもしなやかに対応できるからです。

皆さんも自分らしさを発揮して、ありのままの自分で成果を出せるリーダーを目指してみませんか？　そのヒントを、本章を読むことで発見していただけたら、著者としても幸いです。

第１章

胆の据わった「楽観力」という強み

楽観的なリーダーが大好きなアメリカ人

この章では、レジリエンスの高いリーダーの特徴の1つ目、「楽観的な物の見方」を取り上げます。まずは心理学における楽観性と悲観性の研究に触れ、それから地に足のついた楽観力を強みとする2人の『レジリエンス・リーダー』の事例を紹介します。

皆さんは仕事に関して、そして自分の将来に対して「楽観的」ですか？　それとも「悲観的」ですか？　何かで失敗すると「次もうまくいかない」と心配しがちで、問題があると「自分の責任だ」と気分が落ち込み、うまくいかないことがあると悪い方向に大げさに考えてしまう傾向があれば、やや悲観的な傾向があるのかもしれません。

それでも大きな問題はありません。なぜなら、日本人リーダーには、やや悲観的な物の見方をする人が多いからです。それで仕事がうまくいっていることも少なくありません。

ところが、外資系企業で勤務する、または海外駐在員の立場にいる人の場合は、楽観的であるほうが仕事もキャリアもうまくいく場合が多くあります。海外、とくにアメリカでは、基本的に明るい将来を信じる楽観性の高いリーダーのほうが好まれます。

たとえば、アメリカのある心理学者が過去の大統領の指名受託演説の内容を調査した結果、明らかになったことがありました。指名受託演説は、民主党、または共和党の大統領予備選後に候補指名を受けて、党の支持者の目前で本選に挑む決意表明をする大統領選挙の1つの山場です。オバマ現大統領のときは、フットボール競技場を満員にした8万人以上の観衆の前で、熱い演説が行われました。

そして、1948年から1984年までの10回の指名受託演説の内容について詳細に分析がなされたところ、心理学者によって「より楽観的である」と診断された候補が実際に大統領に就任したことが9回もあったのです。つまり9割の確率で、アメリカ国民はより楽観的なイメージを与えるリーダーを選んだのです（ただし、1984年以降の選挙ではこの調査が続けられませんでした。分析結果が知れ渡り、どの大統領候補も楽観的なイメージをつくるようになったためです）。

別の調査では、ある経営学者が米国の企業でトップを務めるCEO（最高経営責任者）1000人以上に質問表を送って調査したところ、80％ものCEOが「非常に楽観的」なタイプであると分類されたことがわかりました。興味深いのが、米国以外の企業での同じ調査です。楽観性の上位に属するとされるCEOは、約半数の54％ほどしかいませんでした。この差から見ても、いかにアメリカ人が楽観性の高いリーダーを支持するかがわかります。

調査が明かす「楽観的な人」の強さ

私は米国に本社があるグローバル企業で働いていたため、楽観性の高いリーダーや上司と一緒に働く機会が多くありました。どの人も、事業やプロジェクトで困難に直面しても「私たちなら乗り越えることができる！」とチームを奮い立たせ、率先垂範で危地を切り開いていける能力をもつ頼もしいリーダーでした。

リーダー職だけでなく、打たれ強さが必要とされる仕事の代表である「営業職」においても、楽観的なセールスパーソンは有利なようです。米国のある大手保険会社が楽観性の高い保険外交員を中心に採用したところ、営業成績が大きく改善されたという調査がそれを物語っています。日本国内でも、ある生命保険会社の女性営業員を対象に、楽観的思考と悲観的思考の強さの違いが販売成績にどのような影響を及ぼすかが調査された結果、楽観的な思考をもつ営業員は、実績件数と新規契約高において共に良い成績をあげていました。

生保の販売を含めた営業職は、成果が要求され、ストレス度も高く、心が折れそうになる局面も多くある仕事です。この調査では「仕事で悪い出来事が生じた場合、それに楽観的に対処できない職員の方が、離職しやすい」という傾向も見られました。

仕事以外にも、楽観性の高い人は学校やスポーツで好成績を残し、モチベーションも高く、困難を乗り越えることができるということがわかっています。さらには、楽観性の高い人はストレスに前向きに対処し、健康的な習慣をもち、免疫力が高く、感染症にもかかりにくい。心身ともに健康で、長生きにつながる要素をもっているのです。

その一方で、悲観性の高い人、つまりペシミストは、多くの問題に直面するようです。

たとえば、ペシミストはプレッシャーの高い仕事が苦手で、失敗を怖れて挑戦をせず、やる気を失いやすく、すぐにあきらめてしまう傾向があります。勉強においてもスポーツにおいても競争力が低いのです。人づきあいが苦手で就職や転職での面接に通りにくく、営業をしてもうまくいかない。人生や仕事で苦労することが多いのかもしれません。

体やメンタルの面でも問題が生じがちです。ストレスをできるだけ避けたいと回避的になり、抑うつにもなりやすいことがわかっています。体の調子が崩れると、「自分はこれからも健康にはなれないだろう」と悲観して、病気の回復に時間がかかることもあります。

遺伝より重要な「物ごとの受けとめ方」

私の場合は、ペシミストというほどではなかったものの、きまじめで注意深い性格で、より堅実な道を選びがちだったので、あまり楽観的になれずにいました。生活のうえで困ることはないものの、楽観性の高いリーダーを求める外資系企業ではかなり苦労しました。どんな状況でも前向きでいられる人のことをうらやましく感じることもありました。

ときおり、保守的すぎる自分の考え方を変えて、より柔軟に対応できるようになりたい、そして、先が見えないような仕事の境遇や人生の節目でも、不安になりすぎることなく、前向きな一歩を踏み出せるようになりたいと願っていたのです。

心理学の研究では、性格的な側面を変えることは難しくても、考え方や物の見方をより楽観的に変えることは可能だとされていますが、そもそも楽観性と悲観性は、どう違うのでしょうか。

楽観性とは「将来に対してポジティブな期待を保持する考え方」と定義づけられます。その一方で悲観性とは「将来がうまくいかないと悪い事態を予想する考え方」なのです。

楽観性の高い考え方は、レジリエンスのある人の特徴であることも事実です。

「我々の調査が示すところでは、レジリエンスの一番の障害となるものは、遺伝でもなく、幼児期の経験でもなく、機会に恵まれていないことでも裕福でないことでもありません。私たちの内面の強さを開発する上で主要な障害となるのは、私たちの『説明スタイル』にあるのです」とレジリエンス研究者カレン・ライビッチ博士は伝えます。

「説明スタイル」とは、私たちが自分の成功したことや失敗したことの原因を心の中でどう説明するか、というもの。ポジティブ心理学の創始者で、ライビッチ博士と長きにわたりレジリエンス研究を行っているマーティン・セリグマン博士が提唱しました。

とくに楽観的な人は、この「説明スタイル」が、悲観的な人と正反対であることがわかりました。逆境に直面したときに忍耐強くいられるか、またはあきらめてしまうかにも、この説明スタイルの違いが影響すると考えられています。

薬物に頼らなくてもうつ病の治療に効果のある「認知療法」を開発したアーロン・ベック博士も「嫌な出来事そのものがネガティブな感情を起こさせるのではなく、その出来事の『認知と受け取り方』がネガティブ感情を起こさせる」と言っています。

自分の思い通りにならないストレスフルな出来事やネガティブな問題は、誰にでも起こりえます。ところが、悲観的な人と楽観的な人では、同じ出来事が起きてもその原因を自分にどう説明するかに大きな違いがあるのです。とくに逆境体験のときに、その傾向が顕著となります。

悲観的な人は「つらい」「悲しい」「苦しい」と感じられるようなネガティブな体験をしたときに、その原因を自分の性格や弱点と結びつけ、その悪い状態がもっと続くのではないかと怖れ、ほかの場面にも飛び火するのではないかと心配する傾向があります。

その反対に、楽観的な人は、同じようなネガティブな体験をしても、つらく苦しいと感じるかもしれませんが、自責の念や心配性の傾向で悩まされることは少なく、精神的な落ち込みを長引かせることもありません。結果として、立ち直りが早いのです。

具体的には、説明スタイルとは、ある出来事を体験したときに、

- **なぜそのような出来事が起きたのかについての原因の分析**
- **どれだけの長さで影響するのかという将来の予測**
- **どれだけの範囲で影響するのかという将来の予測**

の3つに関して、自分に対し説明する仕方のことです。

悲観的な人は、望ましくない出来事が起きたときに、以下のように考えます。

- **その出来事の原因は自分にあると考えて自分を責める（内的）**

・一度起きた悪い出来事は、今後も続くに違いないと考える（持続的）
・悪いことはさらに広がってしまうだろうと大げさに考える（拡大解釈）

この「内的」「持続的」「拡大解釈」が悲観的な説明スタイルの3点セットです。

その一方で、楽観的な人は、同じ出来事に対して異なる捉え方をします。

・失敗の原因を自分だけにあると狭く考えず、環境などにもあると考える（外的）
・理由もなしに悪い出来事は続かないと考える（一時的）
・その問題は固有のもので、他に広がるとは考えない（限定解釈）

その出来事が良いか悪いかは主観的ですが、楽観的な人は予想外の困った出来事が起きたときも「外的」「一時的」「限定解釈」な説明スタイルをもつことに特徴があるのです。

ポイントは、起きてしまった出来事をどう柔軟に捉えるかなのです。

「何があっても大丈夫」より、「最後には何とかなる」

しかしながら、レジリエンスに必要なのは、何があっても「将来はうまくいく」と考えるポジティブ・シンキングではありません。それは、自分の将来について都合良く想像し、悪いことが起きるリスクを現実より低く見積もる「非現実的楽観主義」です。

たとえば、自分は若い時から健康だったから大きな病気にかかることはないと信じている中年の男性や、景気が上向いているから株式投資に失敗するわけがないと考える人などがその例です。

私が東京の大学を卒業して神戸に引っ越したときに、地元の不動産のほとんどから「この街には地震が起こらないから、保険に入らなくても大丈夫」と言われました。ただ、私はいつ東海大地震が起きるかわからないといわれた東海地区で育ったため、不安になり、保険には加入しませんでしたが、できるだけ丈夫な鉄筋構造のマンションを選びました。阪神淡路大震災が起きたのは、その1年後です。周囲の木造住宅はほぼ倒壊していましたが、私は大きな怪我もなく無事でした。

レジリエンス・リーダーに必要なのは「地に足のついた楽観力」です。

世の中のすべてのことが、自分の思い通りにいくとは考えていません。仕事をしていれば失敗もあるし、困難なこともある。苦境も逆境もあると現実的に考えています。

それらのリスクを無視せずに、いざとなったときに大きな損失を被らないために準備はしますが、リスクを怖れて行動回避に陥ることもない。なぜなら、自分の内面の根本に「最後には何とかなるだろう」という楽観力が備わっているからです。

私は、その楽観力は、誰にでもあるのではないかと思います。それなしでは、この将来が不確かな世の中でそもそも生きていけないのではないかと思うからです。

人間は昔から非力な存在でした。科学技術がこれだけ発達しても、最近問題になっているスーパー台風、巨大地震、火山大噴火などの自然災害の脅威にさらされたら、ひとたまりもありません。医学の力ではコントロールしきれない病気も、エボラ出血熱をはじめとして数多く存在します。リーダーの仕事にしても、これだけ変化が激しい世の中では安定を求めていられません。不安を抱えながらも人を巻き込んで、引っ張っていかなくてはならない。そのときに、たとえ多くの無理難題を抱えていても、「最後にはうまくいくだろう、自分たちの理想を実現できるだろう」と考える心の余裕があるリーダーに、私たちはついて行きたいと感じるのではないかと思います。

ただ、はじめからその楽観力を発揮できるかどうかはわかりません。そもそもその「強み」が自分にあるものだと気づいていない人も多いのが現実です。

私が取材した『レジリエンス・リーダー』は、自分の底力である楽観力に、「どん底」を味わった逆境体験を乗り越えた後に気づいていました。

エリートサラリーマンはなぜ飲食店経営者になったのか

その1人が、飲食店経営を行う会社である株式会社湯佐和の社長、湯澤剛さんです。

湯澤さんは、もともと海外出張の多いエリートサラリーマンでありながら、現在は従業員200名以上で年商約15億円のオーナー企業の社長に転身し、「レジリエンスに興味がある」との理由で私の社会人スクールを受講した経営者です。講座やその後の懇親会などで湯澤社長の人柄を知るにつれ、私が探していた『レジリエンス・リーダー』に違いないと興味をもちました。

湯澤社長が経営する海鮮居酒屋チェーンのフラッグシップ店「七福水産」は、連日満席状態で賑わっているそうです。同店自慢の「どっさり特盛」という5人前の刺身の盛り合わせセットは、1680円のお値打ち価格で、40～50代の男性に人気です。

「通常、居酒屋チェーンは育成に時間のかかる調理技術者（板前）を置きたがりませんが、当社は調理技術を重視しています。というのも、三浦半島の漁港から直接買い入れる〝買参権〟をもっているため、毎日、新鮮な魚を安く仕入れ、仕入れた魚に合わせて臨機応変に調理する技が必要だからです」と、湯澤社長は胸を張ります。

各店とも好調で、利益も年々増え続けているのですが、実はここに至るまでは、失敗と試行錯誤の連続でした。

湯澤社長は早稲田大学を卒業後キリンビールに入社、営業や企画部門で活躍しました。海外への出張も多く、中国、韓国、台湾、香港と東アジアを股にかけてハードに働き、原宿にあるオフィスと空港をキャリーケースを引きながら颯爽と行き来する日々を送っていました。「自分はエリートサラリーマンだと意気揚々でした」と本人も述懐します。

次ページの逆境グラフを見ても、30代前半から中盤にかけてが働く意欲と人生の幸福度のピークのように見えます（グラフ①）。

ところが、40代を前にして、湯澤社長は突如逆境に巻き込まれます。居酒屋チェーンを営む父親が急逝してしまったのです。湯澤社長は転勤と出張が多く、実家にも帰省することが稀だったため、父親の実情について知らされていませんでした。会社の苦しい状況についても、社長である父親が心労に苛まれていたことも、気づいていなかったのです。

実は、亡くなる３年前に、会社の管理部長と営業部長が結託して突然退社し、同社と似た居酒屋を開店し、５店舗まで拡大していたのでした。しかも、不満を抱えていた同社の職人や店長は、身内の幹部が設立した競合店に移り、人材が手薄となっていたのです。

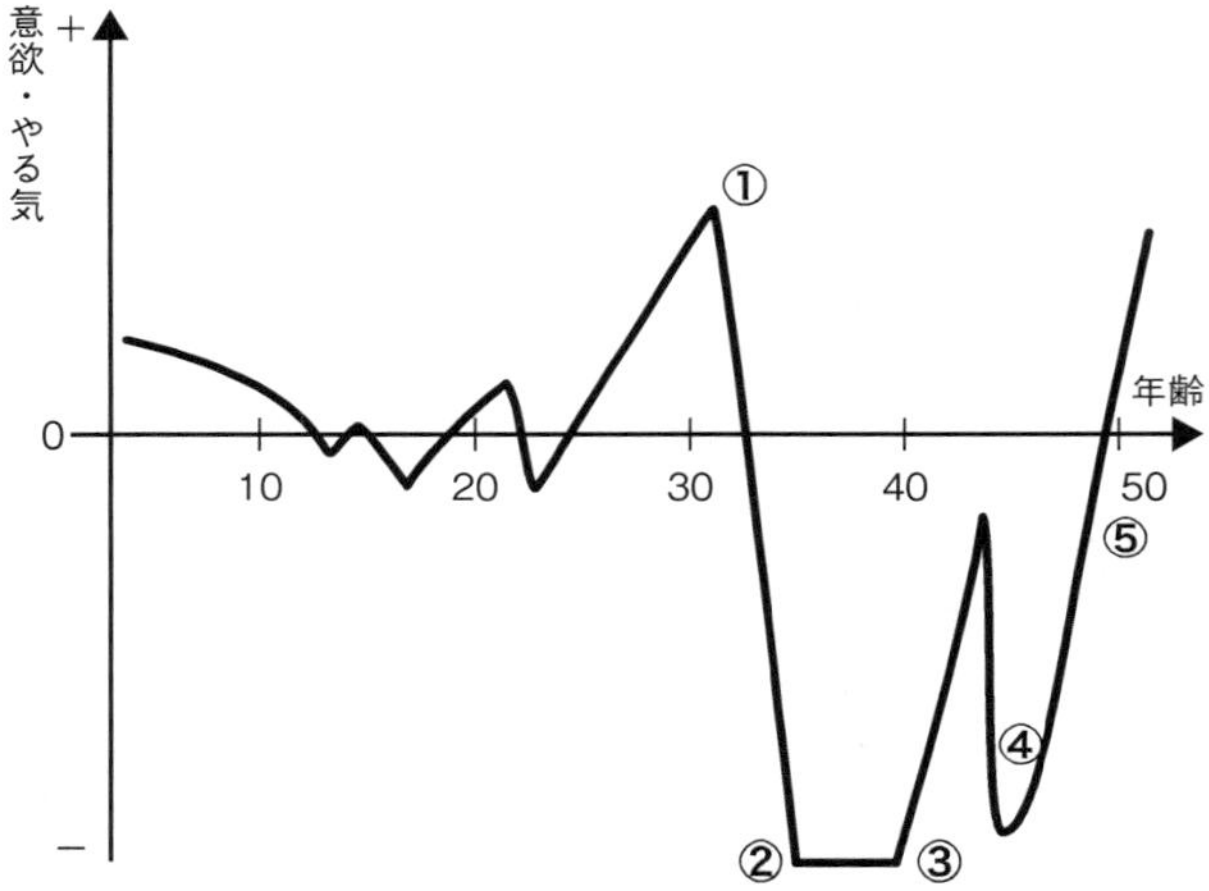

湯澤社長の「逆境グラフ」

葬儀のために実家に戻った湯澤社長を待ち受けていたのは、融資を受けていた金融機関の担当者でした。「あなた会社を継がないの？　もしあなたが継がなければ、お母さんが社長になることになりますよ」と脅されてしまったのです。事務の女性社員には「明日から私たちは一体どうすればいいのですか？」と涙ながらに訴えられてしまいました。

「完済までに80年かかる」40億円の借金

もともと湯澤社長は「絶対に父の事業は継がない」と心に決めていました。就職先に選んだのも、当時会社が取引していたメーカーのライバル会社だったほどです。

しかし、周りから事業を継承するよう迫られ、即答しかねた湯澤社長は、とりあえず勤務先に２週間の休みをもらい、会社の実情を把握することに努めました。決算書に目を通してわかったのは、悲惨な経営状況。有利子負債は40億円に達し、大幅な債務超過状態で、支払い金利だけで年間１億円以上にのぼったそうです。金融機関には「完済までには80年かかる」と言われ、気が遠くなりました。

居酒屋は「人が柱」の業態です。それなのに、競合会社に優秀な社員を引き抜かれ、残ったのは20店舗のうちたった２人の店長という厳しい状態でした。管理職もおらず、本社は中年女性とパートの女性のみ。引き継ぎを迫られた会社の状況は、最悪だったのです。

しかしながら、13年間勤めたキリンビールを退社し、正式に社長に就任する苦渋の意思決定を行いました。「なぜ、あえて苦難が予想される仕事を引き受けたのですか？」と聞くと、湯澤社長は「責任感でした」と説明しました。母親に社長を押し付けるわけにはいかない。家族や残った社員を路頭に迷わせるわけにもいかない。

さらに、地域の信用金庫から融資を受けた40億円という借金は、信用金庫の経営も揺らぐほどの規模だったのです。信用金庫がもしつぶれることがあれば、社会的な迷惑をかけてしまうかもしれない。さまざまな考えの結果、「やっぱりやるしかないんだろうな」という思いに至ったといいます。それは決心というよりも、それしか手段が残されていないという切羽詰まった状態での苦しい選択だったといえます。

ところが、本当の地獄の日々はそこからでした。借金の返済に追われるだけでなく、種々の税金や店舗家賃、水道光熱費などを滞納していたことが次々と発覚し、ガス・電気は止められる直前に支払う自転車操業、週明けに１２００万円の支払いが必要なのに金曜日の今日には８００万円しか手元になく、不足の４００万円はどこにもない、といった状態が毎週のように続いたのでした。取引先や店舗の大家を訪ねて頭を下げ、支払いを待ってもらったそうです。

連日、資金繰りと謝罪が続き、店を回る暇もないため、従業員のモラルが下がり、売上はさらに落ちました。あるとき、久しぶりに店舗を覗いてみると、調理場には誰もおらず、ぽつんといる客が注文すると、二階から従業員が降りてきて調理する。そして、さっさと二階に戻ってしまう。おかしいと思って上に上がると、従業員たちが雀卓を囲んで麻雀をしている。板前が客と一緒にカウンターで酒を飲んでいる店舗や、板前同士が喧嘩ばかりしている店舗もあったそうです。

そんな状態が続き、駅のホームで入ってくる列車に身を投げたい衝動に駆られたことも一度ならずあったそうです。まさにどん底です（グラフ②）。

「あのときは、本当のどん底で、どうにもならない感というか、このままだと本当に終わってしまう、これで自分の人生終わりだとグジグジ言っていました。でも、まだ文句を言っているぐらいなので余裕があったのでしょうね。ただ家内のあの姿を見て、これは本当にまずいなと感じました」

「あの姿」、それは、湯澤さんが仕事で疲れ果てて帰宅したときの奥さんの姿でした。家に帰ると、滞納先からの電話を受けた奥さんが、妊娠中の身重の体で、謝罪しながら相手からの叱りの声を黙って受けて耐えていたのです。そのときに湯澤社長は「恐怖」を感じたといいます。このままでは、妻もおかしくなってしまう。子どもが生まれた後の家族もグジャグジャになってしまう。もう動くしかない、と覚悟したのです。

それまでは、湯澤社長は被害者意識をもっていました。「なぜ父親のせいでこれほど苦労しなくてはいけないのか」といった怒りの感情が渦巻いたのです。酒もかなり飲んでいたそうです。自分と違って、楽しく仕事をしている元同僚に対しての羨望もあったのかもしれません。借金が減らない、従業員がまじめに働いてくれないといった、自分のコントロールが及ばないことへの憂鬱さや無力感もありました。

ところが、それらすべてを上回る「恐怖」というネガティブ感情が湯澤社長を内面から突き上げて、その強い感情のエネルギーに背中を押され、前に進むことに決心がついたのです。それが、長く落ち込んでいた心理状態の「底打ち」のきっかけとなりました（グラフ③）。

ネガティブな感情は不快なものです。怒りの感情は私たちをイライラさせ、不安な感情は落ち着きを失わせます。憂鬱感を感じると何もしたくなくなり、怖れを感じると逃げたくなります。ネガティブな感情は、過剰に繰り返され慢性化すれば健康状態を害することもあり、精神的な問題の起因ともなります。

ネガティブな感情は、衝動的で役に立たない行動を引き起こす原因にもなります。怒りをコントロールできない人は、人を傷つけるような暴言を吐いてパワハラとなり、暴力をふるうと人間関係を破壊することになります。恥の感情は、人と会いたくないという気持ちが強くなり引きこもりの行動を誘発し、出社拒否や不登校の原因にもなります。

湯澤社長が感じたのは、それらのネガティブ感情の中でも特別に強力な「恐怖」でした。しかし、湯澤社長の例のとおり、恐怖や憤慨などの強力なネガティブ感情は、ときとして自分を奮い立たせ、前向きな問題解決行動に向かわせる内的な動因ともなるのです。

1827日の日めくりカレンダー

そのときに、湯澤社長はある決意をしました。次の5年間は、全力で頑張ってみると心に決めたのです。「死んでも何の解決にもなりません。一念発起して、最悪の事態を紙に書き出してみたんです。会社清算、家の売却、そして自己破産……書き出したら気が楽になった。最悪でもこれだけのことだと肚を括って、5年間だけ再建に全力を注ぐことにしました。一生続くと考えたら、気力が続かないと思ったんです」

実は湯澤社長は、サラリーマンを辞めて社長業を引き継いでから、毎日のように追い詰められ、崖っぷちで落ちそうな状態にいたものの、それでも何とか倒産せずにやってこられたという実体験により、経営者としての自信を少しずつ育んでいたのでした。

あれほどの修羅場をくぐってきても、頭がおかしくならずに耐えられた。だったら、次の5年くらいは何とかなるかもしれない。そう考えられるように心象が変化していたのです。

湯澤社長は、その決意の象徴として、閏年2日間を含む5年間1827日の日めくりカレンダーをつくりました。そして1日を終えて帰宅すると、そのカレンダーを1枚めくる習慣を始めたのです。その結果、目標が見える化したことで気が楽になり、それまでうじうじと悩んでいたことがまるで嘘のように変わり、前進する実感がもてたといいます。

ここで湯澤社長は、精神的などん底を「底打ち」するために、そうとは知らずにレジリエンスの技術である「ネガティブ感情の気晴らし」という方法を使っていました。それは最悪の事態を紙に書き出すことで、内面に蓄積された怒りや不安といったネガティブ感情を表出化させ、脳の緊張を緩和させる筆記系の気晴らし術です。「ライティングセラピー」ともいわれ、臨床心理士などにも使われているエビデンスのある手法です。

また、「5年間は死にものぐるいで頑張る」という締め切りを決めたやり方も、明確な目標設定につながります。それは、仕事に無我夢中で没頭するという「フロー状態」を招く条件ともなります。フローの精神状態は、ある意味で感情を超えた「無感情」の没入状態なので、不安や心配などのネガティブ感情も感じません。

「このままでは借金を返せない」といったネガティブな考えは、粘着性があり心の中で延々と繰り返されがちです。しかし、感情を暴露して書き出すことや目の前の仕事に没頭することで、ネガティブ連鎖を食い止めて、精神的な落ち込みを「底打ち」することができたのだと考えられます。

一度ネガティブ感情が収まると、視野が広がり冷静に物ごとを判断することができるようになります。ネガティブ感情は視野を狭める作用があるため、覚悟を決めるようなときに必要な動因エネルギーとしては有用ですが、経営のような創意工夫とバランスのとれた思考が重要なときには邪魔となります。感情をしかるべきタイミングで活用するセルフマネジメント能力が、リーダーには必要です。

湯澤社長は、まず一店舗だけモデルとなる店をつくり、それを成功させた後に水平展開して状況を打開しようと考えました。当時流行していた、若者やファミリー、女性を狙った店舗を導入したのです。が、結果は大失敗に終わってしまいます。従来からのコアユーザーであった中高年男性客に逃げられてしまったのです。

ところが、「5年は続ける」と覚悟を決めた湯澤社長は、失敗してもめげませんでした。テスト店での失敗の要因を探り、3か月後には中高年男性層に絞った店につくり替えたのです。メニューも、魚料理、もつ煮込み、牛すじなど、男性が好む料理を充実させました。失敗をただの失敗ではなく、次につながる「知的な失敗」へと転化させたのです。

その結果、店舗に客足が戻り、店の売上は1・5倍に、利益は2倍になり、予想を上回る大成功をおさめました。その店をモデルにして他店にも展開していくと、みるみるうちに利益が改善し、借金を返済して負債も減っていきました。フロー状態が頻繁に起こり、仕事に没頭していた湯澤社長は、いつしか日めくりカレンダーをめくることも忘れるようになったといいます。心の安定剤だったカレンダーが、必要なくなったのです。
ネガティブ連鎖の状態を脱し、ポジティブ連鎖の状態に切り替わった居酒屋事業で過去最高の利益を上げるまでに再起するには、それほどの時間を必要としませんでした。

ところが、絶頂だった次の年に予想外の危機に襲われます。しかも、逆境は連続して起こりました。その結果、湯澤社長の気持ちはまた急激に落ちこんでしまいます。社長というリーダーになってからの二番底です（グラフ④）。まるで、神様にレジリエンス・リーダーとしての資質を試されているかのような、湯澤社長にとっての正念場となります。

営業停止、火事、そして辞職の決意

従業員がウイルスに感染していたことから食中毒事故が発生し、新聞にも報道され、その店舗が営業停止に陥ったのです。さらに、厨房からの出火で別の店舗が全焼し、大損害を出してしまいました。頼りにしていた社員が病気で急逝するという不幸も重なりました。ＢＳＥ問題の影響で米国の牛肉が輸入禁止になり、牛丼のフランチャイズ店が販売をストップせざるをえない不測の事態にも巻き込まれました。

なぜ、こんなに不幸な出来事が続くのか。そして、湯澤社長は考え抜いたすえに、「すべて自分に要因がある」と思うに至ります。

ウイルスに感染した従業員は「自分が仕事場で穴を開けるわけにいかない」と無理をして出勤していました。火事は、人件費を削るため複数の持ち場を任された従業員が、調理中にふと目を離したために招いた失火が原因でした。亡くなった社員に対しては、病気を抱えていると知りながら、強く療養を勧めることはしなかった。「すべては社長である自分が招いた問題だ。自分には経営する資格がない」と、湯澤社長は痛感したのでした。

がむしゃらにやると決めていた5年間は既に過ぎていました。借金の返済にもメドが立ち、当初の目的は達成してもいました。「今が辞めどきではないか」と感じた湯澤社長は、事業を大手企業に売却する意思を固め、交渉に入りました。「辞めたら、外資系にでも転職して、前のような格好いい働き方をしようとも考えていました」。

主な社員を集め、「会社を売ろうと思うのだけど、どう思う？」と聞きました。社員もトラブル続きで嫌気がさして、誰も反対しないだろうと思っていたのです。

すると、ある社員が「社長、ちょっと待って下さいよ！」と顔を真っ赤にして怒りだしたのです。「冗談じゃないです。自分たちだって命を懸けて働いているのです。私たちの会社を軽く考えないでほしい。こんなことが二度と起きないよう、頑張りましょうよ！」。

湯澤社長は、そのとき初めて「この会社に愛着をもつ社員がいた」ことに気づきました。当時を振り返って、こう語ります。「それまでは借金を返すために社員を利用しているような気がしていました。私も本気で社員のことなど考えていなかったのだと思います。でも、社員に叱られて目が覚めました。そして、彼らのために、やり直そうと決めました」。社員の一言で、リーダーとしての役割に開眼したのです。

企業理念がないことに気づく

それまでは、湯澤社長はどうやって借金を返して、どうやって経営をするかだけを考えていました。利益が上がり、業績も改善され、「自分は経営のセンスがある」と調子に乗っていたこともあったといいます。しかしこの出来事をきっかけに、自分の会社に利益以外の経営目標がなかったことに気づきました。経営者としての実績は積みながらも、社長業をしていなかったのです。

目の前にいる社員への責任もあると改めて気づきました。

「飲食でうちに入って来るのって、いわゆる学歴でも高卒よりも中卒が多く、この会社じゃないと食っていけそうにない人が多かった。でも、彼らにも人生があり、家族もいます。彼らにまともな生活をさせるということが、自分にしかできないことであり、本気でやりたいと思えてきたのです。そこから頑張れるようになってきました」

このときから、何のために経営をするのかということを考え始めました。自分の会社の企業理念を求める旅が始まったのです。まず、中小企業家同友会に入会し、人間尊重の経営を学びました。そこでは、朝から晩まで「どうやったら社員が働きやすい環境をつくれるのだろう」「どうやったら社員を幸せにできるのだろう」と真剣に語り合う経営者の仲間がいました。会社を再建するときの、心の支えとなるサポーターと出会えたのです。

「何のために経営するのかというのをじっくりと考えたのですが、すぐには何も出てこないのですよ。経営の意義なんて、考えたこともなかったのです。正直、それまでは『理念でメシが喰えるか』と思っていました。でも、理念こそ経営の根幹だとわかったのです」

勉強をしたからといって、理念が降って湧いて来るわけではありません。教科書に自社の理念となるものが書いてあるわけでもありません。毎日のように「何のために経営をするのか」を自問する日々が続きました。

答えは会社の中にありました。「やっぱり一緒に働いている人に幸せに、喜んでもらったらいいという当たり前の気持ちに気づいたのです。うちの社員は、おそらくうちじゃなかったら幸せな人生を歩めない方が多いんです。こいつ、うちにいなかったらどうなっちゃうんだろうと心配になるやつが、結構いるのです。でも、しばらくしたら、結婚して、子どもができて、家まで買って……。きっと、この社員はうちで働いていなかったら、家だって買えなかっただろうなと思うと、それが結構な喜びになって、やり甲斐を感じたわけです。もっと頑張ってみようかなと思ったのです。それは僕の転換期でした」

「会社を継いでよかった」

こうして、『人が輝き、地域を照らし、幸せの和を拡げます』という新しい経営理念ができました。従業員の成長と幸せを通じて、顧客や地域に必要とされる存在になりたい、地域に笑顔あふれる食の空間を創り、街に喜びと活力をもたらしたいと湯澤社長は考えたのです。事業の差別化につながる「買参権」(セリに直接参加できる権利)を取得したのもこのときでした。社長個人としても、会社としても大きな節目となりました。

それ以降、会社の業績は回復していきます。紆余曲折はあれど、右肩上がりであることは確かです。それは湯澤社長の精神面でも同じでした（グラフ⑤）。

「失敗の代償は大きかったのですが、それで学んだことも大きかったと思います。最近になって、ようやく全社的に理念に沿った行動がとれるようになってきました」

自らすべてを仕切っていた姿勢を改め、信じて任せることにしたら、人の嫌がる作業でも自発的に取り組む従業員が出てきたといいます。負債は３億円にまで減り、もう返済に追われることもないそうです。

湯澤社長は、経営者になりたいとは思ってもいませんでした。むしろ社長になるのが嫌だったから、家を継がないと決めて企業に就職したのです。しかし、父親の死という青天の霹靂により、倒産寸前の実家の事業を継ぐという大きな逆境を経験しました。

しかしながら、「人の役に立ちたい、人から必要とされる人間になりたいという強烈な思いはあった」。その願望が、思わぬ形で実現することになったのでした。地域のお客さんに必要とされる店をつくり、社員にとっての人生が良くなる場をつくることで、自分が必要とされる存在でいることが可能になったからです。

リーダーは、高いモチベーションを維持することが必要です。湯澤社長のようなオーナー経営者であれば、なおさら大切となります。誰かに指示を受け、賞賛され、報酬を受けることがないからです。

動機づけには2種類あることがわかっています。1つ目が「外発的動機」で、周りから認められることや金銭的な報酬。「私はカネのために仕事をしている」と言うのは恥ずかしく感じられますが、この外発的なモチベーションは無視できないほどパワフルです。アメリカでも事業を維持することができるNPO組織は、幹部や職員に安定した待遇を与えています。ボランティアの組織といえども、外発的動機を軽視していません。

2つ目の「内発的動機」は、今注目されている考え方です。大前研一氏が翻訳した『モチベーション3・0』（講談社）でも、ダニエル・ピンクによりわかりやすく解説されています。この動機づけの源泉は、自分の内面にあります。それを見つけるためには、自分の過去を振り返ることが役に立ちます。自分史をひも解くことで、自分が何を本質的に大切にしてきたのか、やる気に満ちあふれたときの条件は何だったかに気づくのです。

それは、たとえば周りの人たちを成長させること、地域のために貢献すること、世の中をよくするために小さな変化を起こすこと、自分の知的好奇心を満たすことなどが考えられます。湯澤社長の場合は、それが「人の役に立つこと」だったのです。しかも世界の貧しい人々を助けるといった大それたことではなく、目の前にいる社員と地域の人々の人生を良くするといった、地に足のついた意義だったのです。

その結果、満足感や幸福感がもたらされます。すると、仕事へのモチベーションがますます湧いてきます。従業員やお客さまの喜ぶ顔を見るのは、それだけで意欲の源泉となるからです。ポジティブ連鎖が始まり、半永続的にエネルギーが生み出される何かが内面に備わります。それを私がリスペクトするアサヒビール元社長の樋口廣太郎氏は「心の内側にダイナモ（発電機）をもつ」と言い表しました。

取材の終盤に、湯澤社長に聞いてみました。「サラリーマンを続けることができたほうがよかったですか？」と。

すると湯澤社長は、「よく質問されるのですが」と前置きをしながら、「この数年間は、ほんとに社長をやって良かったなと思えるんですよ。今の仕事自体のやり甲斐のほうが大きいなというふうに、本気で思えるようになった。理由はわかんないですね。もし父が亡くなった時に戻ったとして、どの選択をするかと考えると、もう一回あの苦しみを味わうのは嫌なんですけど、やっぱり後継して会社を建て直す方がやり甲斐があるのかもしれないなと思います」と答えました。

「これからどんな会社にしたいのですか」と最後に質問すると「全員が誇りをもって働ける店にしたい」と即答されました。そう語る社長の顔には、優しさがにじみ出ていました。

安岡正篤の「人物学」

私は個性的な湯澤社長と会った当初、その飾らない人がらを不思議に感じていました。その理由が今回の取材を通して理解できました。

経営者として数々の修羅場をくぐりぬけ、逆境で揉まれるうちに、人物が練られ、リーダーとしての器が大きく育ったからです。器量のある人は、自分を偽る必要がありません。ありのままの自分をさらけ出し、自分らしさを貫くことができるのです。

昭和時代の日本のリーダー育成に大きな貢献をした人物に、安岡正篤氏がいます。中国古典に精通し、東洋政治哲学の第一人者で、昭和の歴代首相の指南役としても大きな影響を与えた人です。東洋思想に関する数多くの著作（そのほとんどが講演の書き起こしだと思われます）がありますが、安岡教学の真骨頂といえるのが『人物学』です。

社会では、人を評価するときに「あの人は仕事のできる人だ」という言い方をします。

そのような評価を受けると、周囲からも支持されるようになり、ますます仕事がやりやすくなります。本人も誇らしく感じるでしょう。

しかし、本当に仕事のできる人になるためには、ビジネススキルだけを磨いても充分ではありません。それはあくまで表層的なものであり、根本ではないからです。必要なのは、その人の「人物」ができていなければならない。才能があったとしても、すぐにへこたれたり、自分のことばかり考えたりする人では、長続きする大きな仕事はできないからです。

人物をつくるために、修養し努力を重ねるときの指針となる学問が『人物学』なのです。いわば、リーダーとして人を治めるための、己を修める学問です。安岡氏は、その人物学を数多くの政治家やビジネスパーソンに説いてきました。

しかし、どうすれば人物を養うことができるのでしょうか？　その秘訣は２つある、と安岡氏は伝えます。第１は、古今の優れた人物に学ぶことです。同じ時代に生きるリーダーを模範として学ぶか、それができなければ古典を通して古人に学ぶこと。とくに『大学』や『中庸』、『論語』や『孟子』といった中国古典は歴史のふるいにかけられた優れた書物であり、優れた古人に学ぶことができるといいます。

ただ、ビギナーが古典を学ぶのは容易ではありません。そんなときには、同じ関心をもったコミュニティサークルに所属して、中国古典の輪読などをすることがお薦めです。仲間の支えがあれば、継続することも容易となるのです。古典に詳しい渡部昇一氏などの講演会に出るのもいいでしょう。

私淑できる人物を得て、座右の書となりうる愛読書をもつことが、リーダーとして人物学を修める条件となるのです。それに続く第2の秘訣は実践です。本を読んで理解することはやさしいのですが、それを実践することは大変難しいからです。人生の艱難辛苦に直面しても、臆せずに勇気をもってあらゆる人生の経験を嘗め尽くし、そのなかで学んだことを実践する知行合一的な「活学」が大切だと安岡氏は強調します。

その結果、いくつかの段階を経て人物が鍛えられるといいます。

まず、最も重要な「気力」。気力・活力・生命力といったエネルギーが旺盛でないと、何も生まれません。元気であることが人物を練るための根本なのです。これはリーダーにとっても同じだと思います。どんなに賢いリーダーでも、人を巻き込む活力がないと、誰もついて行きません。

また、真の元気は客気とは違うといいます。お客さんのようにたまたまフラリとやってきてすぐにいなくなる客気は、あてになりません。ところが、社会にはやる気があるかと思ったら、壁にぶつかるとすぐに元気をなくしてしまう人がいます。本当の気力・活力を養っていないからです。では、どうすれば真の元気を身につけることができるのか。

それには理想をもつこと、そして高い目的意識をもつことだといいます。つまり「志」を有することなのです。元気に溢れる人が志をもつと「志気」を手に入れることになります。これが第2段階です。

第3段階が、「見識」をもつことです。目的意識が高まると、その理想に照らして現状に対する反省や批判が生まれてきます。自分に足りないものも自ずと認識するようになります。見えていないものが見えてくるのです。見識は知識とは違います。たとえば、知識中心のロジカルなリーダーは、分析をさせると優れた仕事をしますが、仕事の些細な問題でも意思決定することができません。知識が豊富な学者が、人間関係の瑣末なことに囚われて、何も決められずに行動できないこともあります。見識とは、自分の目的や理想に鑑みて、決断し行動することができる実践的な資質なのです。

見識をもつ人が勇気を発揮すると、第4段階の「胆識」へと進化します。ぶれない本物の志があるからこそ、実践的な勇気を出すことができます。結果、毎日の仕事が目的意識や理想といった大きなものと結ばれるようになります。社長であれば企業理念と自らの経営との間に一貫性が生まれ、リーダーであれば信条と行動が合致するようになるのです。

このレベルに達すると、第5段階の「器量」が身に付くのです。「あの人は器量がある」といいますが、本当の意味は、志と胆の据わった見識をもっていることなのです。

「俺、それわからない」と言える強さ

安岡氏の人物学とは、元気が志気となり、見識となり、胆識を経て器量となる、人としての成長のあり方を表した学問です。私はその発展の過程を湯澤社長の経営者としての半生を聞いて感じることができました。それまで頭で理解していた人物学の5段階が、湯澤社長のリアルな実体験を耳にして、初めて腑に落ちたのです。

現在の湯澤社長は非常に自然体です。細かいことで社員に怒ったり、小さな問題で心が揺さぶられたりすることもあるといいます。「あれほどの修羅場をくぐって、年齢も経験も重ねてきたのに、なぜこんなに些細なことでうろたえるのだろう」と感じることもあるそうですが、社員の前で演じることはありません。

オーナー経営者には、カリスマリーダーを目指して格好をつけて演じてしまう人もいま

す。でも、現実はそれについていかない場合がほとんどで、つらいのに平気な顔などをしていると、その狭間で神経がすり減っていく経営者も存在するかもしれません。自分を偽って、内面と外面が不一致の状態が長く続くと、ストレスが溜まり、自分らしく生きることができなくなってしまうからです。

湯澤社長も社長になりたての頃は、有能さを演じたり、弱みを見せないようにしたりしていたそうです。しかし今では知らないことがあれば「俺、それわからないな」と社員に素直に伝え、できないことがあれば「それ俺できない。苦手だから代わりにやってくれない？」と正直に頼むそうです。自分に嘘をつかないのです。

ただ、肝はどっしりと据わっています。「俺は何があっても、絶対これを乗り切れるんだ」という確信めいたものが心の底にあるのです。「どんな困難でも、最後には必ず解決するだろう」と、未来についても自信があるのです。

それは就職活動の学生が虚勢を張って「なんでもできます」と言う空虚な自信ではありません。どん底を経験し、それを乗り越えたリーダーがもつ内面の強さの結晶としての『楽観力』なのです。「それは自分の人生の財産だなと思います」と湯澤社長は話していました。

教訓

・リーダーとして「今は困難に直面していても、最後にはうまくいくだろう」という楽観力は重要である。
・逆境を乗り越えた実体験により、打たれ強さを身につけたリーダーは、その根本に楽観力という強みをもっている。
・レジリエンスの強いリーダーは、自然体である。自分の強みも弱みも隠すことなく表に出し、自分らしさを貫く心の余裕がある。理想のリーダーを演じるために、自分を偽り飾る必要もない。
・ときには自分についてきている人の声を真摯に聞くことで、リーダーとしての大きな気づきが得られ、目が覚まされることがある。

第２章

「持続可能な熱意」という強み

アップルを超えんとする小心者

Terra Motors株式会社（以下テラモーターズ）の徳重徹・代表取締役社長は、かねてから一度お会いしたいと考え、「会いたい人ウィッシュリスト」に加えていた一人でした。

リクルートワークス研究所が発行する人材育成と組織開発の機関誌『Works』に、野中郁次郎一橋大学名誉教授が解説する「成功の本質」という連載記事があります。私はいつも楽しみにして読んでいるのですが、そこでEV（電気自動車）メーカーのテラモーターズが企業事例として紹介され、非常に興味深かったからです。

テラモーターズは、「日本発のメガベンチャーの創出」を旗印に掲げ、「アップルを超えた企業になる」ことを目指した、2010年創業の電動バイクメーカーです。2年目にして国内で3000台を売り上げ、現在は世界のバイク大国の東南アジアでのプロジェクトが進行中です。2014年5月には約10億円の資金を調達し、ベトナム・フィリピンの現地法人での開発・販売の強化が着実に進められ、中期的には2015年末までにアジア新興国を中心として世界で10万台の販売台数を達成する目標を掲げ、邁進しています。

その志には多くの日本人ベテラン経営者が共感を示し、福武總一郎・ベネッセ取締役会長や出井伸之・ソニー元会長、山元賢治・アップルジャパン元代表取締役、辻野晃一郎・グーグルジャパン元代表取締役社長などが主要株主として名を連ねています。

さらには、現在16億円以上の資本金をもちながらも、「開発など大事なところにお金はかけても事務所にはかけない」という倹約精神の表れとして、いまだに渋谷の雑居ビルにある四畳半のレンタルオフィスを本社としているユニークな会社です。

その企業のリーダーである徳重社長は、野中先生をして「サムライ起業家」と言わしめるほどの理想に燃えたアントレプレナーです。日本が世界に誇る「モノづくり」のDNAを軸に、グローバルに飛躍することに挑戦する、日本人にしては珍しいリーダーです。

しかも、記事からは、挫折とは無縁の力強さやたくましさを感じさせられました。打たれ強く、レジリエンスの高いリーダーの一人として、一度お会いしたかったのです。

私の場合、何か望んだことを紙に書いてしまっておくと、忘れた頃に実現することがよくあるのですが、徳重社長の場合もそうでした。徳重社長からフェイスブックのメッセージを頂いたのです。拙著『「レジリエンス」の鍛え方』を読んだことがきっかけでした。

「はじめまして、EVベンチャー・テラモーターズ代表の徳重と申します。『「レジリエンス」の鍛え方』、読ませていただきました。大変勉強になりました。うちの海外切り込み隊の若手も時々挫折することがあるのですが、ぜひ、この本を読んでスキルを身につけてもらいたいと思いました。もっとビジネスマンにも読んでほしいと思いました」

「一度お会いできないか」とすぐに返事を書きました。いくつかのやりとりがあり、数時間のうちにお会いすることが決まりました。時期は3日後の朝9時、場所は渋谷の雑居ビルにあるテラモーターズ本社です。すべてフェイスブック経由で、メールでのやりとりは一切ありませんでした。スピードを重視するリーダーという印象をもちました。

私が記事や書籍を通して徳重社長に抱いたイメージは「この人は熱意という強みをもったリーダーだ」というものです。「日本発のメガベンチャーの創出」や「アップルを超えた企業になる」といった大胆なスローガンを社内だけでなく公に公表し、そのストレッチな目標に向かって果敢に挑む。戦後の日本からグローバルに打って出た、ソニーやホンダなどのリーダーに共通する「熱さ」を感じさせられました。

実際にお会いして話をした後には、自分の第一印象が間違っていなかったことを確信しました。しかし徳重社長は、ただの熱い男ではなかったのです。その実体は、熱意を抱いたウォームハートと、冷静にリスクを判断し入念に計画する論理的思考に裏打ちされたクールヘッドを兼ね備え、さらに不屈の精神をもったリーダーでした。

熱くビジョンを語るリーダーはいます。また、熱意は感じられなくても注意深く作成された企画書や計画書を自信をもって語ることのできるリーダーもいます。しかし、その両方を兼ね備えたリーダーは稀です。しかも「不屈の精神」がベースとなり底支えしている。「だから、世間やエンジェル投資家が注目せざるをえないわけだ」と実感しました。

しかし、後述しますが徳重社長は、インタビュー中に意外な告白をしたのです。それは、

「私は、もともとすごい小心者なんですよ。私の場合は、ロジックが先にあって、あとから強さやパッションを身につけたのです」

というものでした。

グリットとは何か

米・ペンシルベニア大学の心理学者であるアンジェラ・リー・ダックワース博士は、「成功の鍵はグリット（Grit）にある」と、５００万回以上もビューされたＴＥＤでの講演で伝えています。グリットとは、私たち日本人には聞き慣れない言葉ですが、「やり抜く力」「気概」「気骨」といった意味があります。学校では「勉強でもスポーツでも粘り強

い根気が大切だ」と教師に言われたことがあると思いますが、それもグリットを意味します。

何ごとでも目標を達成するには、気概や気骨が必要です。やり抜く力のベースとなるその強みなしでは、ゴールに到達する前に立ちふさがる障壁を乗り越えることが難しいのも事実です。とくに、誰も成し遂げたことのないような高い目的を実現するには、問題を解決するロジカルな能力だけではなく、逆境に負けない心理的資源が必要なのです。

それが、ダックワース博士が提唱するグリットの一要素である「不屈の精神」です。忍耐力といってもいいでしょう。やり始めたことは必ずやり遂げる。困難や失敗に直面しても、すぐにくじけることなく粘り強く前進する。何ごとにも有言実行を貫くスタイルをもっている。それが「不屈の精神」という強みです。ハードワークを習慣とする人や『レジリエンス・リーダー』がもつ特徴ともいえるでしょう。

ところが、大きな目標を達成し、成功を続けるには、ただ我慢強い努力家であるだけでは足りないのです。実際、ダックワース博士が作成したグリット度を測定する尺度には、「不屈の精神」を確かめる質問に加えて、長期間に一貫した興味関心を保ち熱意を維持できるかどうかを測る「持続可能な熱意」に関する質問が含められています。

ただがむしゃらに頑張るだけではない。一つの目標に集中し、何ヶ月も何年間も自分の努力と労力を費やすことを惜しまないほどの持続可能な熱意が、成功には必要なのです。

それには自己をコントロールできる「自制心」が必要です。大きな目標を掲げることは誰にでもできますが、それに集中し続けることは容易ではありません。

たとえば、「私はこの仕事がやりたい。これが小さい頃からの夢だったんです」と熱心に就職活動で語った学生が、入社3年目にして別の仕事に転職してしまう。理由を聞くと「あの仕事に飽きてしまった」と答える。その仕事への情熱は、3年も続かないほどの浅いものだったのです。情報過多な現代では誘惑が多く、浮気せずに一つのことに懸けるのは難しくなっています。

頭がいい人ほど陥りやすいネガティブ連鎖

徳重社長からは、「不屈の精神」だけでなく、自分の会社が目指す企業理念を実現するために長期の努力を惜しまない「持続可能な熱意」が感じられました。まさに成功の秘訣である「グリット」を強みとしてもったリーダーだったのです。

初めてお会いしたときの徳重社長は、昨晩遅くまでハードに働かれていたのでしょうか、少し疲れた様子でしたが、目つきは鋭く、隙のない印象をもちました。野中郁次郎氏がいうように、たしかにサムライです。

対話が始まると、脳が高速回転しはじめたのか、次々と私の心に刺さるような言葉が出てきました。私は昔から起業家や社長にあこがれながらもあきらめた人間ですので、徳重社長のようなアントレプレナーにはリスペクトを感じてしまいます。

まずお話しされたのは、ベンチャー企業の起業家であれば誰もが直面する創業期の逆境をどう乗り越えるかについての持論でした。近くにあるプリンターからコピー用紙を取り出し、ボールペンで図解しながら解説してもらいました。

「起業家って、うまくいってるときはいいんだけど、うまくいかないときのほうが多いんですよ。私もベンチャーをやってる知り合いとか友だちとかを見ていて思うのですが、結構メンタルが原因で辞める人が多いんですよね。精神的にやられちゃって、途中で挫折しちゃうんですよ」

これはベンチャー企業の創業者に限らず、会社の中で新規のプロジェクトを立ち上げたり、工場を新設したり、海外で新しい事務所を設置したり、さらには会社を辞めて独立・起業したりした人にも共通していえることです。立ち上げの時期には予想外の問題やトラブルが頻発し、売り上げの見通しが立たなくなり、部下や同僚や取引先との人間関係が悪化するなどの窮地に立たされることがあります。そこでメンタルが弱いと、精神的に落ち込んで立ち直れなくなる危機に直面してしまう。とくに頭がいい人ほど、行動に出る前にいろいろと自分の中で考えて、悶々と一人で悩んでしまう傾向があります。

その結果、悪いほうへと思考が偏ってしまいます。悲観的な思考や不安・心配・憂鬱感などのネガティブ感情が繰り返され、「ネガティブ連鎖」の落とし穴にはまってしまうのです。

支出だけが増えてゆく寂しさ

「とくに、売り上げがあまり増えずに、支出だけが増えていく頃は、精神的にもきつい」と徳重社長は語ります。仕事がなくても、家賃や給料は出ていく。すると、法人の銀行口座がどんどん減っていき、しまいには数万円になってしまう。

そのとき起業家の多くは「寂しくなる」そうです。夢や希望に溢れ、リスクをとって会社を興してみたものの、通帳にお金が入ってこないということは、自分が提供する事業が誰にも支持されていないことを示唆するからです。寂しくなると、私たちは人との関わりを避け、一人で静かにいたいと感じるようになります。オフィスにこもりがちになり、外に出て新しい人と出会ったり、自社商品を営業したりする気力が減少してしまいます。

さらに、自分のプライドが傷つけられて自尊心が低下すると、憂鬱感という別のネガティブ感情が発生します。憂鬱感は生理的な免疫機能を低下させ、風邪などをひきやすくさせます。「風邪をうつしたくない」という言い訳をして、ますます人と会わなくなる。その結果、売り上げも停滞する。事業と個人のネガティブ連鎖に陥っていきます。

では、何が足りないのか。起業家や起業家精神が求められる新規事業の立ち上げ責任者であるリーダーには、何が必要とされるのか。徳重社長は、自分の仲間であるベンチャー企業の経営者たちがストレスやプレッシャーでつぶれないためにも、事業の途中で心が折れて挫折しないためにも、「レジリエンスが重要ではないか」と考えていました。

そして、もう一つ重要なのが、「パッションとロジックのバランス」です。熱意と論理をバランスよくもっているのが、プロのアントレプレナーであると徳重社長は考えているのです。私は、これは起業家だけでなく、企業で働くリーダーにも共通していえる成功の秘訣ではないかと考え、その話を興味深く聞きました。

「私はよくゼロから1億、1億から10億、10億から100億に会社の売り上げを育てるには、それぞれ別のリーダーシップが必要だと言っています。アメリカの場合でも、売り上げゼロのベンチャーからビリオンダラー（１０００億円以上）の大企業まで社長をやり遂げた人はあまりいません。有名な経営者では、ビル・ゲイツとマイケル・デルとアマゾンのジェフ・ベゾスくらいです。グーグルもフェイスブックも創業者を支えるプロ経営者を連れてきているし、イーベイの場合はファウンダーが後継者に早期に受け継いでいます。

なぜかというと、アメリカでもベンチャーの立ち上げの初期というのは、社長は壮大なビジョンを掲げてパッション重視で勢いをつけることが多いからです。あまり深くは考えていないのだけれど、そこで何かの形ができあがって、その後に投資家やベテラン経営者などのプロフェッショナルが入ってきて、スピードを増す感じがあります」

こう語る徳重社長の言葉には、説得力があります。なぜなら、テラモーターズを創業する前は、アメリカのシリコンバレーにてＩＴ・技術系ベンチャー企業を支援するインキュベーション会社の代表として事業の立ち上げと企業再生の実績があるからです。

もともとは大学を卒業後、財閥系の住友海上火災株式会社に入社し、花形部署である商品企画部などで活躍。その後渡米しＭＢＡを取得して、以前からあこがれの土地であったシリコンバレーでキャリアを積んだ経歴の持ち主です。

徳重社長は、グーグルが大企業として成長し、ペイパル創業に関わった「ペイパル・マフィア」たちがユーチューブやEVメーカーのテスラモーターズを創業しているのを端で見つつ、ベンチャー企業の聖地でその空気を吸いながら仕事をしていたのでした。

ロジックだけの人はもろい

「私はベンチャー企業の起業家のようなリーダーにはパッションとロジックの両方が大事だと考えているのですが、日本人の場合は片方であることが多いんですよ」と徳重社長は力説します。

会社でも論理的思考が強い人がリーダーになることがありますが、「ロジック中心の人はゼロから何かを立ち上げるときに行動できないことがある」と徳重社長は考えています。さらに、ロジック中心で構築したビジネスは、成功した途端にそのロジックを理解できる大手が参入して、一気に崩されてしまうリスクもある。たとえば、アメリカの決済系ベンチャー企業のスクエア社は、日経ビジネスでも巻頭特集が組まれるほど国内でも注目を集めていたのですが、アップル社が「ApplePay」で新規参入し、脅威にさらされています。

学歴も高く、優秀な人であれば、よりロジックに傾倒していく。しかし、それだけではバランスが悪いということです。

テラモータ―ズには、そのビジョンに惹かれて東大、早慶といった高学歴の学生や、一流企業の社員が面接に次々訪れています。トヨタや三菱重工、ボストンコンサルティングから転じた社員も含め、海外の現地法人や肩が触れるほど狭い本社オフィスでハードに働いています。徳重社長の熱意に触れて、その夢を一緒に実現したいと考えるロジカルな人が少なくないのです。

ところが、徳重社長は一流大学、一流企業で育ったインテリ系のロジックが強い人は、創業期に必要なエネルギーが足りないことがあると危機感をもっています。新規立ち上げにつきものの、逆境やトラブルを乗り越えるだけのエネルギーがないのです。

「起業家っていうのは大変な生業なんで、エネルギーは本当にないと務まらないと思いますよ。すごく大事です。でも、一般の日本人って、エネルギーがないんですよ。戦後の日本のように貧乏でもないから、ハングリー精神も期待できない」

その点、中国人やインド人は違うそうです。徳重社長がシリコンバレーにいた頃は、MBAを出た後の中国系やインド系の卒業生は「絶対にアメリカに残って仕事をする」と決心して、50回も100回も現地の会社で面接を受け続ける不屈の精神が見られたといいます。日本人の場合は、MBAを取得した人たちは「アメリカに残りたいね」と言って2～3社受けるのですが、撃沈してしまい、「やっぱり、無理だね」とあきらめてしまう。母国に戻れば貧しい暮らしが待っている中国人やインド人とは必死さが違うのです。

もちろん、パッションだけでは経営もできませんし、人をリードすることもできません。とくにロジックに長けた若手社員のなかには、論理的・戦略的思考の欠けたパッションオンリーのリーダーの手腕を疑問視し、信頼しない向きもあります。

「私はベンチャーや経営を15年もやってきて、経営ってやっぱりリスク感覚がないと難しいと思うんですよ。リスクが見えるかどうかは、大事なんですよね。事業のバリアとかリスクの判定をして、これは飛び越えられないから梯子を持って来ようとか、迂回しようとか、下から穴掘るかとか、ダイナマイトを持って来るかとか、いろいろ考える。リスクが見えていないとスッテンテンになる可能性が大きいんですよ。よくユニクロ創業者の柳井正さんがリスクをとる経営者として挙げられますが、もちろん失敗もたくさんしていますけど、大きな失敗というか、これやったらあかんでしょうというのは避けているはずです。なぜならリスクが見えているからです」

創業期の壁を突破するにはロジックだけではなく、パッションが重要。ただ、パッションオンリーでは、リスクに気づかずに大きな失敗を犯してしまう。そのバランスをどうとるべきか。バランス感覚のあるリーダーには、何か共通する特徴はあるのか。疑問に感じた私は、徳重社長に聞いていました。ここで、例の意外な答えが返って来たのです。

「私は、もともとすごい小心者なんですよ。私の場合は、ロジックが先にあって、あとから強さやパッションを身につけたのです」

起業宣言で親に勘当される

もともと徳重社長は「内向的で小心者の青年だった」と過去の自分を語ります。それが今では日本を代表する熱意溢れるベンチャー企業の経営者となっている。何が徳重社長を変容させたのでしょうか。その背景には、過去の逆境体験がありました。しかも、一度ならず三度の精神的などん底を、徳重社長は経験していたのです。

1つ目のどん底は、大学受験の失敗でした。徳重社長が通っていた山口の高校は、偏差値に応じた大学の選択が指導されており、浪人する人は滅多にいない学校でした。当時も大学に入れなかった生徒は300人中2人だけでしたが、そのうちの一人に徳重社長は入ってしまったのです。「私の気持ちは圧倒的に敗者でした」と徳重社長。

予備校に通うために広島に出て一人暮らしを始めたのですが、「翌年結果を出せなければ、親にも大学生活を楽しんでいる友だちにも合わせる顔がない」という気持ちがプレッシャーとなり、必死で勉強するものの、成績は思うようにあがりませんでした。結果的に第一志望には合格せず、地元に近い国立大学に進学したのでした。

大学卒業後、徳重社長は住友海上火災保険に就職します。もともとはホンダ、ソニー、キヤノンのようなグローバル企業を候補にしていたのですが、厳しい父親が首を縦に振ってくれませんでした。徳重家では父親の意見が絶対で、大学進学の選択も就職先の選択も父親が認めなければ反論の余地はなかったそうです。住友海上は山口にも支店があったので、父親も許してくれました。

入社後には、最も厳しい部署といわれた商品企画部で、優秀な先輩たちに揉まれながら、年に4、5日しか休みをとらないほどハードに働いたそうです。それは充実した日々でした。プロのビジネスパーソンとして成長する実感を伴っていたからです。

ところが数年して転機が訪れます。あるとき、会社の社長室の次長から若手20人が呼ばれ、「これから損保が自由化されるなかで、当社はどうすべきか」と聞かれたことがありました。そこで、徳重社長は日頃から考えていたアイデアを遠慮なく発言したのですが、社長室の次長に「それは私は理解できるが、今の役員には理解できない」と言われてしまいました。さらに続けて「私にも妻や子どもがいるので、進言のリスクはとれない」と返事をされてしまったのです。これが営業部長の言葉であればまだしも、近い将来の社長候補である社長室の次長からの言葉であり、非常に失望してしまったのです。

そのとき、「私と会社の間の糸がプツンと切れてしまった」と徳重社長は言いました。そして、「もう自分には起業しか残されていない」と決心したのです。

もともと起業に興味をもったきっかけは、大学受験に失敗して浪人をしていたときに読んだ1冊の本でした。大学入試の不合格という敗北感と勉強しても学力が伸びないという焦りに悩まされ、浪人一人暮らしの中で精神的にどん底にまで落ち込んでいた徳重社長を救ってくれたのが、起業家のストーリーが書かれた本だったのです。

その本『負けてなるものか』（松本順）には、松下幸之助氏や本田宗一郎氏の話が書かれていました。それ以外にも京セラの稲盛和夫氏やソニーの盛田昭夫氏、経団連会長を務めた土光敏夫氏などの経営者物語を愛読し、それが青年だった徳重社長の心の支えとなったのです。最もつらかった時期に「サポーター」となって励ましてくれたのが、これらの日本を代表する起業家・経営者であり、その生き様だったのです。

そのときに学んだ教訓が、「どんな困難を前にしても決してあきらめない」ということでした。20代を前にして心が衰弱していた当時に、バイブルのようにして読んでいた起業家の言葉は、若い徳重社長のピュアな心にしみ込み、その後の強みとなる「不屈の精神」の種を蒔きました。どん底のときに自分の心を支えてくれた教訓は、その後も徳重社長の生きる上での基盤になっているといいます。

ただ、起業家になるという夢を実現するためには、大きな障壁が立ちはだかっていました。実家の父親の存在です。徳重社長の祖父は、かつて地元で会社を立ち上げて大きな成功を収めた起業家でした。ところが、昭和の時代に産業が変化するにあたり、その会社は倒産してしまいました。そのときに父親の家族は大変苦労したらしく、「事業を始めることは絶対に許さない」という考えをもっていたのです。

しかしながら、失望した会社からの自主退職という選択をした徳重社長は、父親に反対されることを予期しながらも、起業家になる夢に向かって進もうと心に決めていました。

ある日、会社を辞めることを報告するために実家を訪れました。そのときに、怒りと驚きの表情の父親が絞り出すようにして言った言葉が「お前とは今日限りで親子の縁を切る」でした。修羅場でした。これが徳重社長にとっての第2の「どん底」です。

「リベンジ」というモチベーション

勇気を振り絞って選択した道が、アメリカでのMBAの取得と、その後に起業家の聖地であるシリコンバレーで働くことでした。ところが、早くも第3の逆境が徳重社長を襲います。退路を断って挑んだ大学院の進学で、希望していたカリフォルニア州のビジネススクールから合格通知を得ることができなかったのです。最後に残ったのが、シリコンバレーから離れたアリゾナ州にある大学院でした。

「そのときの気持ちはボロボロでした。会社を辞めるときも、すごく反対されたのですが、最後のスピーチで『私はシリコンバレーに行きます』と言っているのですよ。それで半年間、死にもの狂いで勉強して、それでも通らないわけですよ。そのときの心理状態は、『ターミネーター2』で超合金のターミネーターを破壊するために、主人公が液体窒素で固めて、銃で撃ってバラバラにしますよね。あんな状態でした」

気持ちの落ち込みは2か月ほど続きました。やりきれない気持ちは残りましたが、もう前に進むしかないと思うようになったそうです。家族も養っていかなくてはならない。今さら日本の会社にも戻れない。とにかく、今はアリゾナで勉強しているけれど、その後にはシリコンバレーで仕事をするんだ。徳重社長の胸中には狂気に近いエネルギーが湧いてきたそうです。

その失敗から立ち直る過程で、頭の中に生まれたテーマが「リベンジ」でした。

ネガティブ感情の一種、怒り。怒りやすい性格の持ち主を心理学では「タイプA」といいます。競争心が強く、効率にこだわり、無駄なことを何よりも嫌う傾向の人です。

このタイプは仕事で成功する人が多い反面、心臓病や突然死のリスクがあることがわかっています。「瞬間湯沸かし器型」でもあり、感情や血圧のアップダウンが激しく、自律神経やホルモンも乱れがちで、心臓への負担も無視できないのです。ゆったりとした性格の人を指す「タイプB」と比べると、心疾患発症頻度が2～3倍あることも判明しています。

ただ、前章でもお伝えしたとおり、ネガティブな感情は悪いことばかりではありません。ネガティブな感情が、ポジティブな役割を果たすこともあるのです。

アメリカのポジティブ心理学者であるロバート・ビスワス＝ディーナー博士は、その最新の著『The Upside of Your Dark Side』（2015年春翻訳本出版予定）で「私たちを不快にさせる感情は必要である」と述べています。

たとえば、怒りの感情は私たちをクリエイティブにする機能があります。羞恥心は、私たちを勇敢にさせます。そして罪悪感は、私たちの意欲の源泉になるのです。

実際、起業家のライフストーリーを紐解くと、過去の逆境体験で生まれた「社会に対しての憤慨」や「自己に対しての羞恥心」が動機づけとなって偉大な行動につながっていることに気づきます。

怒りの感情が自分に向かっていては健康リスクを招きかねませんが、憤慨のネガティブ感情のエネルギーを私利私欲ではなく社会的善のベクトルに向けることにより、政治や経営の分野で変革型のリーダーとして成功した人は少なからず存在します。

もともと小心者だった徳重社長を奮い立たせたのは、父親に絶縁されてまで目指した志望大学院の不合格という人生のどん底の体験で生まれた、自分に対しての憤慨や羞恥、そして家族に対する罪悪感といったネガティブ感情のエネルギーだったのかもしれません。

それがマグマのように蓄積され、あるとき「いつか自分は成功する」という反骨心となって昇華したときに、「持続可能な熱意」という強さを徳重社長にもたらしたように感じます。それを徳重社長は「リベンジ」という言葉で表現していました。途上国の若者であれば、貧困や失望によって醸成されるハングリー精神にあたるものかもしれません。

日本という先進国出身の徳重社長は、『レジリエンス・リーダー』に欠かせない強みを、自らの逆境体験をとおして身に付けたのです。

IQの高いヤツがクレージーな夢を語るシリコンバレー

シリコンバレーで活躍する有名な起業家たちは、海外から移住した家族の出身者が多いことが特徴です。たとえば、グーグル創業者の一人であるセルゲイ・ブリンはソビエト連邦の頃のモスクワで生まれ、6歳のときに家族と米国に移住しています。

「ペイパル・マフィア」の一人で、EV電気自動車の「テスラモーターズ」をビリオンダラーカンパニーに育てたイーロン・マスクも南アフリカ出身です。

同じ「ペイパル・マフィア」であり著書『ZERO to ONE』（NHK出版）の作者である投資家のピーター・ティールは東ドイツ出身で、この2人と並ぶペイパル創業者のマックス・レブチンはウクライナ出身です。

古くはインテル元CEOのアンディ・グローヴ。ハンガリー出身で、「パラノイアだけが生き残る」の言葉で有名な彼は、メモリチップ中心の事業をCPUをはじめとしたマイクロプロセッサ中心の事業に大胆に転換し、インテルを半導体業界の巨人として飛躍させた経営者です。

もちろんシリコンバレーでは裕福なアメリカ人家庭に育ったエリートらも起業家として成功していますが、偉大な成功を収めるアントレプレナーにはハングリー精神をもった途上国・新興国出身者が多いような気がします。

「リベンジ」を自己のテーマとして大学院で必死に勉強し、無事にＭＢＡを取得した徳重社長は、あこがれのシリコンバレーで職を得ることになります。というよりも、自らリスクをとって、撤退しかけていたインキュベーションオフィスの事業責任を負うことで、シリコンバレーで仕事をする夢を叶えたのでした。

それは逆境を乗り越えた先にあった、人生で最も幸せな体験でした。当時を思い出して、笑顔で徳重社長は語ります。「私的にはすごく嬉しくて。私にとってのシリコンバレーって、野球少年からしたら大リーグみたいなものでした。ここで仕事ができるっていうのは、毎日すごい高揚感がありましたね。それが半年ぐらいは続きました。そこにいることだけで満足する、みたいな感覚だったのです」

ただ、そのときにびっくりしたのが、シリコンバレーで出会ったエリートたちだったといいます。スタンフォード大学を卒業したような頭脳明晰な人たちが、ありえないと思えるような夢や野心を平気で語っていた。アグレッシブで、しかもクレージーなアメリカ人とたくさん出会い、これはすごいと感動したそうです。

日本にいるときには、徳重社長は起業家精神と大学の偏差値は反比例していると考えていました。ロジックに強く学歴の高い人ほど、パッションが必要な起業家にはむいていないと思っていたのです。ところが、シリコンバレーで見た光景は違った。ロジックに強い人が、パッションも兼ね備えている。そんな人材がゴロゴロいたのです。

徳重社長が仕事をしている目の前では、ベンチャー企業だったグーグルが、優秀な人材をごっそり惹き寄せて急成長を遂げていました。またペイパルの創業者がスピンアウトして他のベンチャーを立ち上げ、投資をして、ＥＶ（電気自動車）などの新しい産業を生み出している。「ペイパル・マフィア」の活躍ぶりを目の当たりにしたのです。

シリコンバレーにいると、ベンチャー起業家を軸として、短期間で産業クラスターが形成されていくダイナミックさを実感できます。その一方で、当時のバブル崩壊後の日本の大企業では閉塞感が漂い、スピードもなく、業界全体の業績も停滞していました。成長にストップがかかり、中国などのアジア新興国に追いつかれている日本は、シリコンバレーとは実に対照的だったのです。

「シリコンバレーでは、新しい産業が生まれるのが理想論でもなく、架空の話でもなく、リアルにあるわけです。しかも、イケてるヤツらが楽しそうにやっているわけですよ。そして、国のためにもなっている。これはいいなと思いました。ベンチャー企業が大きくなることは、経済の再生にもつながることに気づいたのです」

この気づきが、その後、徳重社長のミッションへと結晶化されます。

強みを掛け算してミッションをつくる

「私はべつにスポーツもできないし、ほかも普通ですが、起業家であるという自覚はありました。そしてシリコンバレーから日本を見ていて、母国を何とかしなければという思いも強くなっていました。私の中では、日本の技術を世界でやるっていうのが、ずっと蓄積されていたんです。起業家だけど、その掛け算のなかに日本に対する思い入れがある人って、あんまりいない。ベンチャー企業の社長で『日本の地位の復活のために世界に挑む』という文脈を語る人ってあまりいないんですよ」

大企業に再就職して世界に挑むのではなく、ベンチャー企業の起業家として挑戦したいという想いも強くありました。

「日本のベンチャーのイメージって山師みたいなところがあるでしょう。でも私はそれは違うと思う。シリコンバレーで仕事をした経験が大きいのですが、やはり私の原体験として、浪人の頃に本田宗一郎さんとか、松下幸之助さんとか、戦後の起業家の話を読んだことがベースとなっているからでしょうね」

さらに徳重社長には、グローバルな物の見方が身に付いていました。シリコンバレーでは、誰もが世界を視野に入れたビジネスを行っていたからです。シリコンバレーに身を置いて働き続けた人の特権です。周囲の人が、国内だけでなく自然に世界に向かって商売しているのを「お手本」とすると、「自分も世界でやっていかないと」という意欲と「自分もグローバルで戦える」という自己効力感が生まれてくるのです。

その結果、生まれたのが『起業家 × 日本への思い × グローバルな市場』という、自分の3つの強みが掛け算となった徳重社長独自のミッションでした。

自分が貢献できることとは、日本の技術力を活用した日本発のベンチャー企業の起業家として、世界の成長エンジンになっているアジア新興国で成功すること。それが自分の強みと経験を活かしてできる貢献になる。そう悟ったのが30代後半の頃でした。

徳重社長がお手本としている起業家の一人が、ソニーの共同創業者の盛田昭夫氏です。「私の現在の事業はアジアが主戦場なので、月の半分はアジアを回っています。そこで信頼できる情報を得られたら即決することが多いのですが、この前にインドに行ったときには『やっとモリタのような日本人が来たな』と政府高官に言われました」

また同じ郷里出身の高杉晋作もロールモデルだそうです。「高杉晋作は、若い頃に上海に行ってですね、中国がアヘンによって欧米の奴隷のようになっているのを目撃して、日本の国をそんなふうにしちゃいけないという強い思いがあった。だから、蛤御門で長州が負けたときに、普通は切腹させられて、それで終わるのですが、彼は一人で立ち上がったのです。長州藩を革新派にして、第二次長州征討が起こり、その奇兵隊が勝ち、それが時代の節目となって、世の中が倒幕のほうに動いたのです。高杉晋作がまだ25歳ぐらいのときでした。勝つか負けるかではなく、彼の視野には国への想いがあったわけです」

サムライ起業家といわれる所以《ゆえん》は、明治維新の武士というロールモデルにあったのです。

仕事観の3つのタイプ

徳重社長のように、自分のミッションを見出しやりがいをもって仕事をしている人は、逆境を乗り越える力をもっています。意義を感じられるからこそ、多少の困難があっても気分がへこむことなく、前に進んでいけるのです。

私たちは、自分の仕事に対してそれぞれの価値観をもっています。その「仕事観」は大きく3つのタイプに分類できると、ニューヨーク大学の心理学者エイミー・ルゼスニュースキー博士は考えました。それは「ジョブ」「キャリア」「コーリング」です。

1つ目の「ジョブ」タイプは、仕事を「お金と生活のための労働」と考えています。「はたらくとは、傍を楽にすることだ」といわれますが、このタイプは英語でWorker、つまり食べて暮らすために労働する人たちであるといえます。

調査によると、この「ジョブ」タイプに属する人たちの仕事のモチベーションや満足感はあまり高いものではありませんでした。人生の楽しさを仕事以外の活動に求めがちなため、終業時刻や週末が近づくにつれてやる気が高まるという傾向も見られました。

2つ目の仕事観である「キャリア」タイプは、「仕事は地位と名誉のためにすること」と割り切っています。仕事とは、お金やモノを得るだけではなく、昇進・昇給・名誉・権力を獲得し、自己実現する手段だと考えています。このタイプはとても有能でもあります。もともとキャリアという言葉は「レーストラックでの荷車」の意味がありました。レースを辞めることができずに、終わりのないゴールに向かって走り続けてしまうイメージです。このタイプの人は、目標を達成すると、すぐに満足してしまい、次の新たな目標を立てずにはいられません。

３つ目の「コーリング」には「天から与えられた役目」という意味があります。「すべての人が、この世に生を受ける前に神から使命を与えられている」というクリスチャンの思想に基づいているのですが、現代心理学の世界では「本人の仕事に意味と意義を感じている志向性」と定義されています。このタイプは、仕事と人生に対して前向きで、高い満足を感じていることがわかっています。仕事は人生の中心で、とても大切なものと捉えています。自分が好きなことを仕事にして、仕事をすることが好きでたまらないのです。「コーリング」タイプを見極めるのは容易です。自己紹介をするときに、自分の仕事のことを誇らしく話す特徴があるからです。

「ジョブ」および「キャリア」のタイプは、仕事の意欲を外的なもの、つまり会社から与えられるお金や上司からのほめ言葉、昇進・昇給・賞賛などの「外発的な動機」に置いています。一方の「コーリング」タイプは「内発的な動機」を主としています。収入や賞賛はもちろん嬉しいのですが、他者に依存した働き方をせずに、自分の内面で感じる「意義」を意欲の源泉としているのです。

徳重社長は、まさにその生きた実例です。自分のコーリングに気づき、それを社会的意義のあるミッション・ステートメントとして見える化し、主要株主や取引先となる賛同者を巻き込み、新しい日本をつくるベンチャー企業を創業し経営をしています。

直感に従うことで得るものもある

私は、徳重社長が今の会社につながる個人のミッションを人生の節目で自然に気づかされたことを興味深く感じました。それはまるでコーリングが降りてきたようです。実際、パーソナルなミッションとは、学校で勉強して学ぶものでもなく、誰かに教えてもらうものでもありません。人生の節目で時期が来た時に、自ら気づくものだと思います。

ただ、最近の若者は、ミッションを急いで求めているように見えます。有意義な仕事でないと、働く意味がない。使命感が明確でない上司をリスペクトできない。そんな考えをもって、株式会社で営利目的のために働くことを卑しく感じ、NPOやボランティアの道を志向する人が増えているような気がします。でも、そこには「持続可能な熱意」がないので続かない。

キャリアは個人の選択なので、私は何も若者を批判する気はないのですが、もし自分の子どもが「今の会社ではミッションを感じられないから辞める」と言ったら「そんなに簡単に自分の使命感などわかるものではない。まずは目の前にある仕事や人から任された職務を一所懸命にやりなさい」と言って叱ると思います。

私の尊敬するある経営者の方は、就職活動をしている学生に「ほんとに悩んでるんです」と相談されたら、「直感でいけ」といつも教えているそうです。「感覚でいけ、感覚で。20年間ぐらい生きてたら、それなりの正しい感覚はもっているだろう」とアドバイスするのです。

それはある意味で理にかなっています。本人の成長のポテンシャルを信じて、自分にリミッターをかけないことを助言しているのです。

心理学の性格テストや適性診断などの結果、「自分はこういうタイプだからこの仕事をすべきだ」と自分の将来を限定してしまうよりも、自分が成長できそうな「場」を直感的に選んで、その領域で能力開発をしたほうがいいのでは、というオープンな考え方です。

何をしていいかわからない心理状態で、数限りない仕事の選択肢から無理矢理ロジックで絞り込んで就職先を決めると「選択のパラドックス」の罠にかかります。つまり、自分が選んだ仕事が間違っているのではないかと不安になり、不幸や不満に感じるのです。

それよりも、「ここなら自分も育つかもしれない」と直感した場を選んで働く方が、人生観も広がり、仕事観にも深みが生まれると思います。徳重社長が「シリコンバレーで働きたい」と考えたのも、ある意味で直感に近かったような気がします。

そうはいっても、自分の胸の内から聞こえてくるコーリングの声に耳をすまし、それに従うのは決して容易ではありません。それを実行に移すには、一押しが必要です。徳重社長の場合は、それが自分が逆境体験で培ってきた「不屈の精神」と「持続可能な熱意」の2つの強みでした。

キャリアの節目において、親や他人の声ではなく、自分の内面の熱意の声に素直に従ってアクションを行ったとき、それまで見たこともないような新しい世界が開けることもあります。それは世界が変わったのではなく、自分の見方が変化するからです。

その後に、幸せを実感しながら、目の前の仕事に没頭していたときに、ふとしたきっかけで自分のミッションに気づくことがある。それは自己啓発書を読みあさり、「天職を発見する」セミナーに参加して使命感を見つけるような行為とはまったく異なります。自分の内なる声に従い、自分の強みを発揮して勇気ある行動に移した人だけに得られる神様のごほうびなのではないかと私は思います。

そのミッションに、自分の強みと経験を掛け合わせれば、自分がすべき仕事が見えてきます。まるで欠けたパズルを埋め合わせるように、自分がやりがいを感じる仕事が明らかになるプロセスです。

リーダーがパッションをもつ大きなメリット

リーダーがミッションをもつと、非常に大きなメリットがあります。それは、「ロジック中心の人でさえも、うまく巻き込むことができるようになる」ことです。

起業家というリーダーにとっては、パッションとロジックの両方が重要である、というのは徳重社長のコアメッセージでした。私もそう思いますし、これは企業におけるリーダーにもあてはまることだと思います。

リーダーが巻き込まなくてはいけない人には、ロジックを大切にするがゆえにリスク意識が高く、失敗を怖れて新しい挑戦に勇気ある一歩を踏み出せない人もたくさんいます。そんな人であっても、リーダーとしては行動への意欲を高めなくてはいけません。

パッションや情で動かされる人でもない。かといって論理で説得しても理屈で返されてしまう。とくに新規のプロジェクトや革新的な仕事は前例がないため、ロジックで固めようとするとやぶ蛇になります。仕事も進みません。では、どうすればいいか。

「ミッションを語ることにより、人を巻き込む」リーダーシップです。徳重社長が実際に行っているリーダーシップ・スタイルがまさにこれです。「使命感があれば、ロジックで説得されない人も、パッションで動かされない人も、『これはとにかくやらなければいけないことだ』と感じてついてきてくれる」と徳重社長は教えてくれました。

そして「正しいか、間違っているかではなく、今やるべきかどうかという高い次元で対話することが大事です」と、徳重社長はベンチャー起業家としての豊富な経験から語ります。ミッションをもてば、相手の頭に訴えかけるのではなく、本人の良心を覚醒し、上の次元での共感を得ることが可能となるのです。

逆境体験を乗り越えて起業家としての成長を遂げた徳重社長は、ロジックだけでなく、パッションとミッションをもったリーダーでした。そして、不屈の精神と持続可能な熱意という強さを兼ね備えた、レジリエンス・リーダーでした。

教訓

・新しい事業に挑戦するリーダーや起業家には、ロジックとパッションの両方のバランスが重要である。
・それにミッションが加わると、とくにロジック中心の部下にとって説得力のあるリーダーとなる。論理を超えた次元での共感が得られる。
・逆境で生まれた憤慨や羞恥、罪悪感のネガティブ感情は、ときに力強くあきらめない「持続可能な熱意」の基となるエネルギーに変えられることがある。
・個人のミッションは、学ぶものでも探し求めるものでもなく、気づくものだ。そのチャンスは、逆境を乗り越えて、平安な気持ちで充実した仕事をしているときに訪れやすい。
・親や他人が設定した目標に向かう人生よりも、自分の内なる声（コーリング）に沿ったキャリアを送るほうが、充実し満たされやすい。

第３章

聖人君子でない「利他性」という強み

ペイ・フォワードは連鎖する

私が『レジリエンス・リーダー』の重要な特性として考えるのが「利他性」です。

この章では利他性を強みとするリーダーとして、今や経営の神様とも呼ばれる京セラ名誉会長の稲盛和夫氏と、新進気鋭の若き経営者であるリクルートの北村吉弘氏の事例をご紹介します。その前に研究を少しおさえておきましょう。

利他性は、日本では主に道徳や宗教の領域で語られる言葉です。仏教においては、お釈迦様の地元で使われたパーリ語で「メッタ」と呼ばれた「慈悲の心」にあたり、キリスト教においてはアガペーと呼ばれる「愛」が、この利他に近い意味をもっています。利他の心とは「私たちが世のため人のために何かをしたいと感じるときに内面から生まれてくる善の気持ち」であり、これは誰もがもっているポジティブな資質です。

心理学の世界では、この利他性に基づく行為が「向社会性行動」といわれ、宗教的な側面ではなく、組織開発とリーダーシップというビジネス的な側面で研究されています。

向社会性行動とは、簡単にいうと「親切で思いやりのある行動」です。自分よりも先に他人によかれと考える、他人のために尽くすことをまず考える習慣をもった人の行動です。向社会性行動を発揮するリーダーは、仕事のパフォーマンスが高く、生産性も他の社員を上回り、さらには忍耐強いことがわかっています。つまりレジリエンスが高く、打たれ強いのです。

また向社会性行動には「波及効果」があることがわかっています。ハーバード大学のニコラス・A・クリスタキス博士は、社会的ネットワークがもつ「つながりの力」に関する調査で有名ですが、親切心あふれる思いやりの利他的行為も、幸福度も、さらには喫煙習慣や肥満までも、波及効果があるのではないかと考えています。

同じような善意の拡張現象が、米・フロリダにあるスターバックスで発生し話題となりました。それはドライブスルー型の店舗だったのですが、ある朝に一人の客がコーヒーをオーダーし、その後自分のコーヒーを引き取りに引き渡し窓口に寄ったところ、バリスタから「前のお客さんがあなたの代金を支払ってくれましたよ」と言われたのです。「それなら、私も次の人の分を払いますよ」……ということで、親切にされた恩返しとして赤の他人のために代金を支払う行為が、なんとその日の夕方まで続いたのでした。バリスタは紙に数を記録していたのですが、最終的に３７８人がその恩恵を受けたのでした。

これは英語で「ペイ・イット・フォーワード（Pay it forward.）」といわれる〝恩送り〟

の行為です。日本では「情けは人のためならず」ということわざがあります。

恩送りとは、誰かから受けた恩を直接その人に返すのではなく、別の人に送ることを意味します。その結果、恩が世の中をぐるぐると回って行き、社会の善の連鎖が起きることが期待されます。このアイデアは、『シックス・センス』『A.I.』などで名子役として有名なハーレイ・ジョエル・オスメントが出演した『ペイ・フォワード』という映画のテーマにもなっています。

私の母や義理の母も恩送りの達人です。実家におみやげを持って帰ると、大切にとっておき、職場の友だちへお裾分けするのです。あるとき私の小学生の娘が「なんでおばあちゃんはせっかく買って来たおみやげをおうちで食べないの」と問いただしていました。不満に感じたのでしょう。すると「一人では食べきれないから、お友だちにあげるの。そうしたら、お返しをもらえるからね」と返事していました。ただ、娘にはその恩送りの仕組みがよく理解できていなかったようです。

関わり合う職場はレジリエンスが高い

リーダーが模範として向社会性行動を行うことで、職場やチーム内に波及して、助け合いのある組織へと変わっていきます。神戸大学大学院の鈴木竜太教授は、その著書『関わりあう職場のマネジメント』で、職場のメンバーがお互いに助け合い、ルールや秩序を守って自分の仕事をきっちりこなし、自律的に創造的な行動ができる組織は、人々が関わり合いながら仕事を進めることが多い職場であると結論づけています。

そして、「支援行動」「創意工夫行動」「勤勉行動」という職場における３つの行動がバランスよく整った組織は、大きな価値を生み出すだけでなく、新しく異質な考えに対しても寛容な開放的なコミュニティになるとしています。それはつまり外界からの変化にも適応できる、レジリエンスの高い「強い職場」だと考えられます。

そのきっかけとなるのが、リーダー自ら関わり合うことであり、利他性をもって職場の仲間を助ける行為にあるのではないかと私は考えます。

また、向社会性行動をもつ人は「内的なモチベーション」が高いことがわかっています。つまり、人にいわれなくても金銭的な見返りがなかったとしても、人に役に立つ行いをすること自体が本人にとっての動機づけとなるのです。

この研究分野の第一人者は、米・ペンシルベニア大学のアダム・グラント博士です。世界で人気トップのビジネススクールであるウォートン校にて最年少で終身教授職を取得し、著書の『Give & Take「与える人」こそ成功する時代』（三笠書房）が世界的なベストセラーとなった、若手の気鋭の心理学者です。

グラント博士は、人を思考と行動特性により3つのタイプに分類しました。ギバー（人に惜しみなく与える人）、テイカー（真っ先に自分の利益を優先させる人）とマッチャー（損得のバランスを考える人）です。そして、一般には経済的な成功をおさめるのはテイカーであるという考えに疑問を投げかけ、必ずしもそうではないことを実証してみせたのです。

たしかにテイカーは自分の求めているものを手にしやすい。リーダーでいえば「カリスマリーダー」にあたるでしょうか。会社の目標と自分の願望を実現することに長けています。ところが、グラント博士は他者を優先するギバーにも、成功を達成するチャンスがあることを示しました。さらに、ときにはテイカーよりも大きな成功を長期的に実現することがあることがわかりました。「情けは人のためならず」を科学的に証明したのです。

利他性のあるリーダーは、自分のエゴを前に出さずにセルフコントロールしながら、部下や組織のために尽力する働き方をしています。しかし、それが他人の利だけにとどまらず、めぐりめぐって本人の利になることもありうるのです。

「動機善なりや、私心なかりしか」

利他性をもったリーダーといえば、稲盛和夫氏が思い浮かびます。京セラとKDDIという売上1兆円以上の会社を2社も創業し、さらに潰れかけていた日本航空を計画よりも早く立て直して倒産から救うだけでなく、高収益体質の逞しい企業体へ変容させた、日本を代表するリーダーです。シリコンバレーで複数のビリオンダラーカンパニー（日本円にして約1000億以上の会社）の創業に関わっているイーロン・マスクやピーター・ティールといった「ペイパル・マフィア」が話題ですが、日本の稲盛氏はもっとすごい実績をあげているのです。「ペイパル・マフィア」とは規模が違います。

稲盛氏は京セラの退職金を全額九州大学等に寄付し、日本航空の再建を無給で引き受けたことでも有名です。また、自分の経営者としての経験知を次世代に継承する活動にも熱心で、稲盛氏自身が登壇する若手企業家のための経営塾である「盛和塾」では、毎回手弁当で参加していることも知られています。

そんな稲盛氏が創業したKDDIは今年度、会社としての大きな節目を迎えようとしています。2014年度の中間期決算で増収増益の好調な業績を発揮し、通期でも二期連続の二桁成長を達成する見込みだということです。売上規模が5兆円近い巨大企業としては、素晴らしい成長ぶりです。このままの状態が続くと、通期で減収減益が予想されているNTTドコモを業績で抜いてしまう勢いです。

ほとんどのメディアは、逆境に直面したドコモと比較して、米携帯大手スプリントの買収や中国電子商取引最大手アリババ集団の米国株式上場後の利益などで躍進を遂げるソフトバンクに注目していますが、私としては国内の携帯電話でトップキャリアになるであろうKDDIの偉業に驚いています。KDDIがNTTドコモを業績で抜いてしまうとは、KDDIの母体であった第二電電の創業当時の苦境を稲盛氏の書籍などで知る人間にとっては、信じられないことです。

稲盛氏が第二電電の設立を京セラの経営会議で話したとき、役員のほぼ全員が反対したそうです。あまりにもリスクが高かったからです。それほど当時のNTTグループは強敵であり、「まるで巨象とアリの戦いだ。勝てっこない」と心配されていたのです。

国内では1984年に電気通信事業の民営化が決まり、長距離通信事業への新規参入が認められるようになったのですが、リスクをとってまで強大な力をもったNTTに対抗しようとする会社が現れていませんでした。このままでは海外と比べて格段に高いままの日本国内の通信コストが改善されず、企業の産業活動はもとより、国民の生活にも不利益となってしまう――高い問題意識をもった稲盛氏は自分が名乗りをあげるか、あげるべきでないか、悶々と悩んだのでした。

たしかに意義はある。しかし、まったくの異業種の参入です。しかも相手は京セラよりもはるかに大きい天下のＮＴＴ。それはまるで屈強な大男ゴリアテに勝負を挑む羊飼いの少年ダビデの戦いのようでした。稲盛氏は半年近く煩悶し続けたそうです。

そのとき毎日寝る前に欠かさず行った習慣が「動機善なりや、私心なかりしか」という問いかけでした。「自分の動機には一点の曇りもないのか」「自分を世間によく見せたいという私心はないか」「単なるスタンドプレーではないのか」ということを毎晩自問自答したのです。結果として自分の中には「私心がない」ことが確信でき、それからの稲盛氏は第二電電の創業に向けて強い決意とどんな困難にも負けない勇気がふつふつとわいてきたのでした。事業を始めるための大義名分が定まり、自分を鼓舞するための純粋な思いが確認できたからです。

その後も第二電電は会社としての不利な状態が続きますが、稲盛氏のリーダーシップと社員のハードワークで逆境を乗り越えて邁進していきました。ＮＴＴからスピンオフした

ＮＴＴドコモの業績を越えようとしている今が、その約30年後です。

利他と利益の両立

輝かしい業績の持ち主の稲盛氏ですが、その人生の前半では多くの逆境に見舞われていました。幼少時は結核で苦しみ、高校時代は空襲で生活苦に陥った家計を助けるため行商し、志望していた医学部には合格できずに二浪、大学を卒業してから入社したメーカーは赤字続きで倒産寸前でした。その会社を退社し、「あなたの技術を活かしたい」と請われて27歳のときに創業したベンチャー企業が「京都セラミック（現京セラ）」です。そこでは、技術者であるにもかかわらず社長の重責を負い、社員の雇用責任の重圧に悩まされるなど、ストレスの多い半生を送っていたことが自伝を読むとわかります。

それらの修羅場をくぐり抜け、京セラとＫＤＤＩを創業・経営し、日本航空の再建にも関わり、そのすべてにおいて目覚ましい成果をあげた稲盛氏は、まさに日本が誇るレジリエンス・リーダーであり、その究極といえるでしょう。

その稲盛氏のリーダーシップ哲学の根本にあるのが「利他の心」です。京都のお寺で得度され、修行体験もされているので「仏教思想の影響を受けているのではないか」と思われがちですが、私は少し違うと思います。

数多くの逆境体験と本人のベンチャー企業経営者としての経験から得られた教訓が「利他性」であり「思いやりの心」であったのではないかと考えます。誰かから教えられたものでも宗教家に感化されたものでもなく、逆境体験を通して自分の内面にあったものに気づいた結果でしょう。その見えないものを説明可能にするために、外に探し求め出会ったのが仏教の教えだったのではないか、と私は考えます。

宗教家ではなく実業家の稲盛氏は、利他の重要性を説きながらも、利益を追求することを否定していません。商人の血が流れているのです。要は、どのように利を得るかなのです。

「『利を求むるに道あり』という言葉がありますが、利益追求はけっして罪悪ではない。ただし、その方法は人の道に沿ったものでなくてはならない。どんなことをしても儲かればいいというのではなく、利を得るにも人間として正しい道を踏まなくてはならないと、商いにおける倫理観の大切さを説いています」（『生き方』サンマーク出版）

私は稲盛氏と同じ教訓を、現在最も注目を集める大企業の経営者として活躍されている若手社長の話からも得ました。リクルートライフスタイルの北村吉弘氏です。

語り上手なハイポテンシャルリーダー

株式会社リクルートライフスタイルは、今年10月に東証1部に大型上場を遂げたリクルートホールディングスの中核子会社で、『じゃらん』や『ホットペッパー』『ケイコとマナブ』のような飲食・美容・旅行・学び領域における強いブランドをもつ企業です。

取扱高1300億円、社員数2500名のこの大企業のトップを任されているのが、昨年4月に社長に就任した北村氏。1997年入社、母体であるリクルートホールディングスでも最も若い執行役員の一人で、仕事の能力が高い精鋭ぞろいのリクルートの中でも業績を出し、組織の階段を駆け上がってきたハイポテンシャルリーダーです。

北村社長とお会いするきっかけは、北村氏がレジリエンスに興味をもたれたことでした。いつも録画して視聴を欠かさないというNHK『クローズアップ現代』でのレジリエンス特集を観られ、「我が社にもレジリエンスが必要だ」ということで、半期に1度の部課長会議へ私が講演者として招かれたのです。品川プリンスホテルの大広間で、全国から一堂に集まったリーダー200名に向けてレジリエンスを教える、またとない機会でした。

モチベーションの高いことで知られるリクルートのマネージャーたちに、レジリエンスが本当に必要なのだろうか。斜に構えて聞いてもらえないのではないだろうか、と登壇する前は不安で一杯でしたが、杞憂に終わりました。北村社長が事前のスピーチでレジリエンスの重要性をかなり強調してくれましたし、リクルートの部課長の集中力はすさまじく、高い知識吸収力を感じました。ペアワークなどの演習は非常に盛り上がり、終了の合図をしてもなかなかストップしてくれないほどです。今までで最も充実度の高い仕事となりました。

講演会の打ち合わせでお会いしたときの北村社長の第一印象は「はつらつとした青年実業家」。卓越したリーダー特有の、目に見えない輝きのようなものを感じさせました。海外ではこのようなハイポテンシャルな経営者をときおり見かけるのですが、国内では稀で、「さすがリクルートだ」という印象でした。「きっとこの人は、大きな苦労もなく順調に組織の階段を駆け上がってきた方なのだろうな」とも思いました。

しかし、社長に就任したのが40歳手前と非常に若く、リクルートライフスタイル社の経営陣でもある直属の部下のほとんどが社長より年輩。企業でもダイバーシティが進む今、自分より年長の部下をもち、ピープルマネジメントに悩んでいるリーダーが増えています。北村社長はどの部下の方にも信頼されている印象を受け、「大企業での成功ストーリーだけでなく、どうすれば年上の部下を率いることができるのか、そのコツを学べるかもしれない」と考えて、本書のための取材をお願いしました。

北村社長は理工学部の出身です。新潟の実家を出て一人暮らしをするときに、生活費はすべて自分で稼ぐことを決めていたので、大学の研究室で研究をしていない時間はほとんどすべてアルバイトに費やしていたそうです。実業の現場での経験が豊富だったのです。

「空いた時間をすべて金に換えるということは、何でもやってみようと考えていました。なかには横浜のランドマークタワーの最上階の展望台の床に、建築資材を運ぶ台車などでついた傷を消しゴムで消し続ける徹夜のバイトなどもありました」

北村社長の特徴の1つは、優れた記憶力とストーリーテリングのうまさです。20年前の出来事でも、個別具体的な記憶を呼び覚まし、聞き手をワクワクさせるような口調で物語ってくれます。べらんめえ口調が多いですが、それも北村社長の飾らない人柄を表しています。「年輩の部下にもこの調子で話すのだろうか」と好奇心がわきました。

アルバイトの話は続きます。「一見、退屈に思える仕事でも、『何か意味があるのではないか、もっと楽しく仕事ができる捉え方があるのではないか』と模索しながら、8時間かかる仕事を4時間に短縮して生産性をアップするような工夫をやっていました。たとえば、工事現場とかの日雇いのバイトです。これやって8000円とか、あれやって1万円とかっていうのも多かった。そういうのって、体力を使ったりもするんですけど、工程をちょっと短くしたりして、頭も使った方がもっと早く終わるんですよね。終わるのが早ければ、時給で割ったらもっと高くなるよね、みたいな、そういう感覚でしたね」

期待の新人の「どん底」

与えられた仕事をそのままやる人が会社ではほとんどです。しかし、それは前任者にとってはやりやすい仕事であったとしても、後任の本人にとっては自分の強みや経験を発揮できない場合があります。要領が悪い人が前任者だった場合は、時間がかかったりします。

そのときに、仕事の内容を因数分解し、それらを自分の強みとやる気を活かせる形で創意工夫して再構築すると、業務の効率が高まります。これを「ジョブ・クラフティング」といい、米・ミシガン大学の名門ビジネススクールで教えるジェーン・ダットン博士は「自主的に仕事を再構築することは、仕事の意味づけを変化させ、より有意義なものにする効果があります」と言います。

北村社長はその手法を、我流で大学生のときに身につけていたのでした。理系的思考の強みが活かされたのかもしれません。

リクルートに入社して雑誌書籍の流通部門を担当するようになってからも、学生時代のアルバイトの経験が活かされました。仕事の仕組みそのものを再構築し、やらなくてもいい作業を明確化するなどの業務改善により、全社表彰も受けました。有望な若手社員として認められ、仕事もおもしろくなりかけた24歳の頃に配属になったのが、名古屋で創刊直後の『ゼクシィ』東海版の営業の仕事でした。

実は、この転勤が北村社長にとってキャリアの大きな節目となりました。

営業という新しい職種、名古屋という新しいマーケット、知らない人ばかりの就労環境、初めての転勤と、新しい変化が重なった時期でした。ちょうど転勤を契機に結婚したこともあり、プライベート環境も変化しました。

転勤や異動の場合、就業状況や環境が2つ以上大きく変化すると、かなりのストレスになるといわれています。マネージャーや人事はその点に気をつけて、負担が大きくなりすぎないようにするものですが、北村社長の場合は4つの変化が同時に起きたのでした。

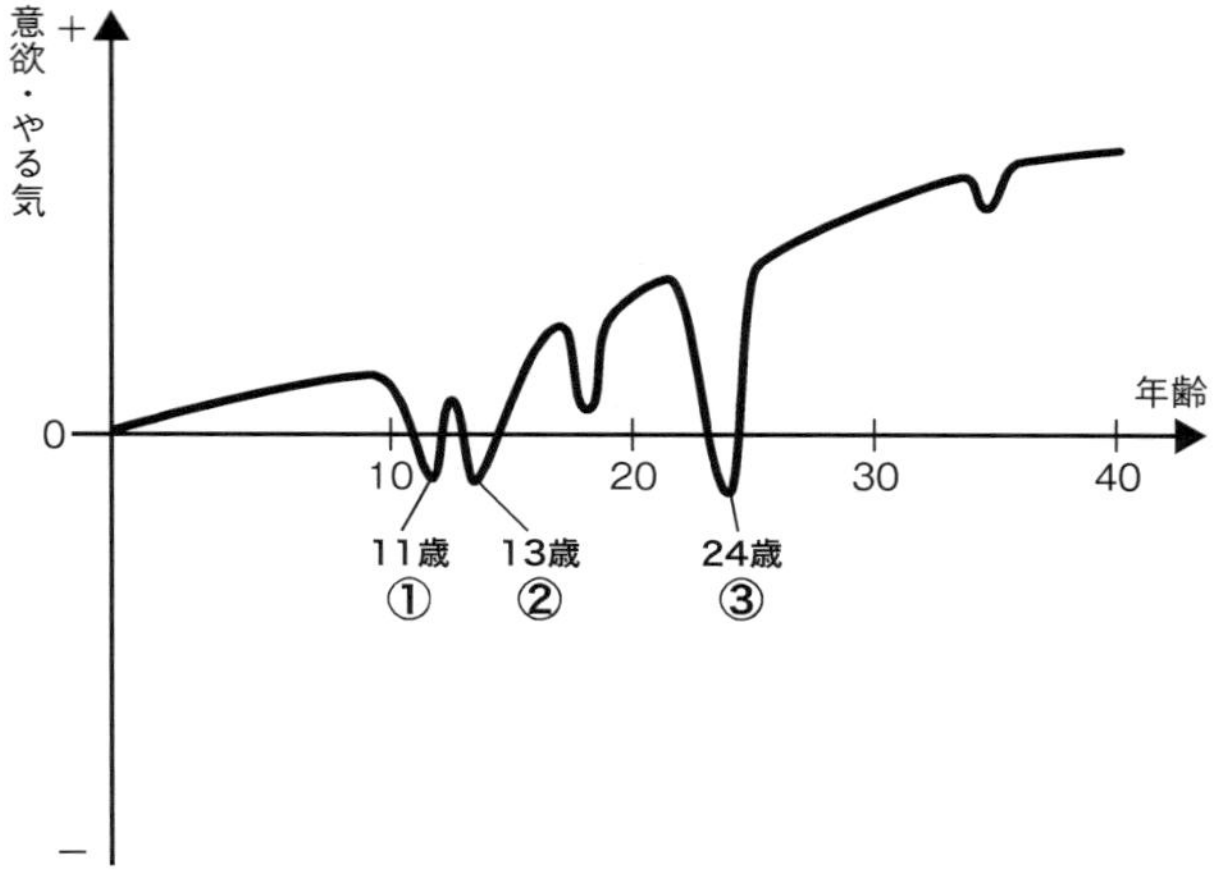

北村社長の「逆境グラフ」

即戦力を期待された北村社長の新天地名古屋での仕事のすべりだしは、最悪でした。営業未経験だったこともあり、売る技術もない。どうしていいのかわからない。

北村社長に描いていただいた「逆境グラフ」を見ても、非常に大きな落ち込みがあります（グラフ③参照）。どん底を経験したのです。

チャンスに重圧を感じて

「当初３か月の売上目標は４７０万円だったのですが、16万円しか販売できなかったのです。達成率は３・４％で、当時のリクルートの最低記録でした。給与にも満たない営業成績でした。その頃は会社行くのが本当に嫌で、『行って来ます』と家を出ても取引先との約束もなく、国道を歩いて隣街の岐阜や各務原に行ったり、近鉄特急に乗って大阪にたこ焼き食べに行ったりして時間をつぶしていました。『なんて自分はダメなんだろう』『なんでこんなに売れないのか』『もう息をしているだけで失敗じゃないか』とネガティブなことばかり考えていましたね」と当時を回想します。

このときの北村氏は、自尊心もボロボロだったことが予想されます。自尊心とは、別名自己肯定感と呼ばれる心理的資源で、レジリエンスには欠かせない要素です。自尊心の高い人は、少々の失敗では落ち込みません。自己を肯定することができるのです。

ところが、失敗が重なり自信をなくすと、自分に対して否定的な気持ちになります。心のなかでは「自分はビジネスパーソンとして失格じゃないか」「給料をもらう価値もない」と自己否定するようなセルフトークが繰り返されます。

その結果、自尊心が下がり、罪悪感や憂鬱感などのネガティブ感情が発生し、何もしたくなくなる無気力感に襲われます。新しい仕事や行動をすることを避ける「行動回避」に陥るのです。自己成長もストップし、ネガティブな感情が繰り返されることによって、うつ病やバーンアウト（燃え尽き症候群）になることもあります。「ネガティブ連鎖」です。

「その頃は、つらかったですね。周りの同僚がピカピカに光って見えて、劣等感も感じ、『自分はこの仕事に向いていないのではないか』と会社を辞めることも頭をよぎりました。夜はまったく眠れず、病院に行ったらうつ病と診断されたのではないかというところまで追いつめられていたと思います」

奥さんも大変な状態でした。友達が1人もいない名古屋で暮らさなくてはいけなかったからです。「あの時はほんとに、夜、家でご飯食べながら、ずっと2人してしくしく泣いていましたね。夫婦で逆境でした」と言います。

数か月、北村社長は営業の仕事で失敗を続け、成果があがらない自分にネガティブなセルフトークを繰り返し、精神的にずるずると落ち込んでいきました。そして、とうとうその落ち込みを「底打ち」することができたのは、あるお客さんのおかげだったといいます。

「あるとき、新規のお客さんから会社に電話がかかってきて、『お前、お客さんが少ないんだから、営業行って来い』と上司からも言われて行ったのが、その人の自宅のマンションでした。元々レストランで働いていた人ですが、自分が脱サラしてまでなぜ結婚ビジネスをしようと考えたのか、という熱い話を1時間半ぐらい聞かされた後に、突然『ワンペ

（1ページ）やりたい、いくらだ?』と言われたのです。そこで『70万です』とすかさず答えると、『じゃあ、すぐにやるから申込書はあるのか』と返事をされてしまいました」

営業成績が振るわなかった北村社長にとっては、千載一遇のチャンス到来です。努力を続けると、良いことがあるものです。

ところが、北村社長はその申し出に対して、喜びではなく強いプレッシャーを感じてしまいます。というのも、営業で訪れたそのお客さんの自宅のダイニングテーブルで打ち合わせをしていたのですが、その奥には出窓があり、レースのカーテンがかかり、箸立てがあり、醤油差しがあり、肉じゃがが皿にのっている、生活臭が漂う台所が見えてしまったというのです。「この人の生活がかかっている」と実感し、それが重圧となったのでした。

そこで「1週間待ってください」とお願いをして、会社に帰って必死で調べ、お客さんが名古屋で店をもつために必要な家賃と運転資金も調べ、企画書を仕上げて提案をしに再度そのマンションを訪れたのでした。

そのときの提案が、当初の半分の額にも満たないプランだったのです。

自利利他の体験がブレーキを外した

お客さんにお願いされた1ページ70万ではなく、最少スペースの8分の1の広告を3回連続で掲載するというのが北村社長の提案でした。なぜなら、運転資金が２００万円しかないお客さんが初めての広告で70万円も支出したら、絶対にお店なんて持てないと考えたからです。

「自分の売上だけを考えるなら『わかりました、どうもありがとうございます！』と引き受ければよかったのですが、それだとこの脱サラしたお客さんはビジネスが続かないなと思い、この人に嘘をつくこともできないと考えました」

「しかし、そのお客さんからは、『個人事業主だと思ってバカにしているのか！』と怒られてしまいました。私は半泣きになって、『いや、この前に話を聞いて、本当に心から応援したいと思ったから、この提案を持って来たんです。会社にこの提案を出したら、怒られます。営業マンとしては失格です。でも、僕だけじゃなくて、僕の会社の中にあるノウハウとか他の事例とかを含めて全部で考えると、これがベストだと思うんです』と必死に思いを伝えました。結局、30分ぐらい押し問答をして、最後には『お前が言うんだったらやる』と言われたのです」

この北村社長の行動は「利益追求はけっして罪悪ではない。ただし、その方法は人の道に沿ったものでなくてはならない」という、稲盛和夫氏の利他性のビジネスへの応用法に沿ったものだと思います。自分の利益のために他者にリスクを背負わせるのは功利的なやり方です。また、他者のために己を犠牲にすることも、本物の利他ではありません。他者の役に立つことを先に考えて行動した結果、自分にも利がある「自利利他」こそが、ビジネスリーダーが目指すべき利他性なのでしょう。

実際、北村社長の説得に応じたクライアントが予算8万円の1回目の広告を出した後は、店舗の売上がいきなり倍増して、２００万円ほど利益が出たのでした。その後も広告の費用対効果は極端に落ちることなく、業績は順調に伸びていったのです。その後も、そのお客さんとの関係は続きました。

「毎月26日にアポを取って営業に行っていました。その社長が従業員に給料を振り込んだ日の後です。『今月も給与を支払えましたよ』といった話を聞きながら、今後の話をいろいろとすることが私とそのお客さんの習慣となっていたのです。この時に自分が本当は何を売っていたのかに気づきました。広告なんてものは皿みたいなもので、そこにどういう提案とかを盛り込むことができるかというのが、本当の売り物なんだということに初めて気づいたんです」

営業の仕事を始めた当初は、実は北村社長の胸の内には、お金をもらうことに対しての罪悪感や抵抗感があったそうです。それまで営業を毛嫌いしていたこともありました。ただ、このお客さんとの経験を通して、自分の営業に対しての狭い捉え方が自分を苦しめ、さらには営業成績にまで響いていた真実に気づいたのです。

「ビジネスをやる以上は、お金をもらって何かを返す、対価としての価値を返すということは当然です。だから営業マンというのは、何かを無理に売りつける商売ではないし、どんなに小さな規模のお客さんでも、最低３枚の企画書と、こうやった方がいいという提案は必ず持って行こうと心に決めました」それは、北村社長が営業に開眼した瞬間でした。

「もうそれからは、すさまじく売れましたね。お客さんからお客さんを紹介してもらえるようになって、どんどん広がって……。お客さんの数も４００社以上に増えて、営業社員を１名増員してもらい、アシスタントもつけてもらって仕事をするようになりました。その後、本社に戻って別の職務についた後も、仕事でお金をもらうことへの抵抗感はなく、何も怖いものはなくなって、業績もギュンギュンと上がっていきました。もともとモチベーションは基本的には高かったので、心の中にあったブレーキがはずれたら、一気に上昇していったんです」名古屋での勤務の後に、順調に組織の階段を昇り、社長になったのはその15年後でした。

幼少期に痛感した無力感と後悔

北村社長はギリギリのところで、エゴではなく利他が出て、それによって救われました。そしてその利他性は、実は北村社長がまだ小学生だった頃に形成されたものでした。そのトリガーになった出来事が、人生最大の逆境の1つである弟の病気です（グラフ①）。

「僕には8つ下の弟がいて、僕が11歳で弟がまだ3歳だった時に、風邪をひいたような症状になって。それから近くの医院に行っては風邪薬をもらい、保育園に行く生活をしていたのですが、3か月ほどでビックリするぐらいみるみる痩せていって。その後入院が決まって、そこから3年ほど、家族の生活が激変したんです」

病院までは自宅から2時間ほどかかったので、両親は弟としばらくの間寝泊まりして、北村社長は親戚の家に預けられる生活だったそうです。2か月ほど入院した後に、1日だけ外泊許可が取れ、家に帰って来た時には、見るからに青白いような状態に変わりはてていたのでした。それでもその晩は、親戚もみんな家に集まって楽しそうにしていたのですが、空元気のような空気を感じていたそうです。

「翌朝、親父とお袋とうちの弟と車で出かけて行くわけですけど、年末で、すごく雪が降っている日で、チェーンを巻いてノロノロ出発していく最中、うちのお袋が泣き続けていました。何か異常事態が起きていると思いました。出発後すぐに、黒電話の横に手帳が置いてあるのを見つけ、それは実は医師からもらった闘病手帳だったのですが、その1ページ目に病名が書いてあったのです。よくわからなかったので、図書館に行って「家庭の医学」を読んで調べてみると、生存率は何%という病気だということを知って、これはえらいことが起きていると初めてわかったのです。弟が死んでしまうかもしれないと感じたのです」

自宅の普段使ってない部屋にいつも小さな子供用の布団が一枚だけ敷いてあり、「なぜだろう」と不思議に感じていたのですが、病名について知った瞬間に、11歳の北村社長はその意味に気づきました。「死んじゃった時に、そこに寝かせようと思って敷いてあったのだということに、僕はその手帳を見て気づいたのです」

そのときに北村社長が感じたのは、「寂しさ」と「悔しさ」という感情でした。

「結局、弟に対して何もできなかったのです。たとえば、病気が最初に発覚して、地元の市民病院に入院したときに、輸血が必要だったんですよ。でも僕から血を採るわけにいかなかった。ちっちゃすぎるから。何もできなかったのです。いつも通り、ボール投げをして遊んであげることもできない。注射が痛くて泣き叫んでるのを見ても、あやすこともできない。自分ができることが限られているという悔しさがありました」

自分にできることは何かと自問した北村社長が出した答えが、「親の手間がかからない子になろう」ということでした。親が自分に使う分の時間を、すべて弟に費やしてもらうという考えだったのです。母親から料理を習い、入院中でも自炊できるようになりました。自分にできることは何でも自分でやろうとしたのです。

しかし、まだ小学生の年頃です。12歳のときには、こんなことがあったそうです。

弟が自宅で療養しているときに、自分がやりたいことがあった。しかし、弟の病気もあり、それができない。そのときに、ついうっかり「いなければよかったのに」と言葉に出してしまった。そうすると、その晩弟が高熱を出し、翌日病院に戻ることになってしまいました。北村社長は、そのときにものすごく後悔したそうです。

「自分の力では何もできないのに、我を押し通そうとした結果そうなった。苦い経験でした。何もできないということの悔しさと、やせ細っていく弟への寂しさが感情的には入り乱れていましたね。弟は今は大変幸運にも健在ですが、その日のことは鮮明に覚えています」と話してくれました。

開け広げに語るリーダーには、部下がついてくる

同じような無力感と後悔の念により、人生の精神的などん底を再び経験したのは、13歳のときでした。祖母から電話がかかってきたある日のことです。小さい頃のように「おばあちゃん、おばあちゃん」と甘えるわけにもいかず、「うん、はいはい、じゃあね」とやや冷たい対応で電話を切ってしまったその3日後、自分をとても可愛がってくれた祖母が突然夜中に倒れ、そのまま亡くなってしまったのです。北村社長は再度、強い無力感と後悔の念に襲われました（グラフ②）。

「その時の感覚って、うちの弟に『いなけりゃよかったのに』と言ってしまったときの感覚と、すごく似ているんです。つまり、他の人が何かに襲われたとき結局自分は何もできないのに、我を通したということに対する感覚です。自分の記憶の中で、最初に身近な人で亡くなったのが、この13歳の時の祖母でした。当時の感覚としては、何かを失った感が半端でなかったんですね。ものすごく穏やかな人だったし、誰からも好かれたし、優しかった祖母でした。だから、その虚無感はすごくあった」

この11歳と13歳の逆境体験を通して、北村社長が教訓として学んだのは、何だったのでしょうか。

「振り返ってみると、今自分の中で大きくあるのは、このつらい経験が『利他的であらん』と考える原点となったことです。仕事でもそうですし、生活でもそうですけど、自分一人でいる時間は、自分の自由でいいと思うんです。でもそうじゃないときというのは、やっぱり相手というものがあって、その相手に対して何ができるのかということを考えなくてはいけないと思うのです。これが、僕にとっての利他的であらんとする意味です」

この教訓を耳にしたときに、なぜこの人が若くして2000人以上の社員を率いる組織のトップを任されたのか、腑に落ちた気がしました。素晴らしい営業成績というトラックレコードがあったのはもちろんだと思います。しかし、それではプレーヤーで終わってしまいます。リーダーになるためには、ピープルマネジメントができなくてはいけません。

自分より年齢が上の部下や、専門性や知識に秀でたスタッフから信頼を得て率いることは容易ではありません。社員のなかには、年齢がかなり下のボスや専門性の異なる上司をリスペクトしない人もいます。ところが北村社長には、人を惹き付ける何かがある。それはカリスマ性とは少し違います。部下の方も「社長は自分の失敗体験や弱みをいつも楽しそうに話してくれます」というオープンな姿勢を指摘していました。カリスマリーダーは、自分の弱点をさらけ出すことも苦しい逆境体験を物語ることもしません。話の中心は、自分がどのように、どんな成功をしてきたかについてになります。

北村社長がウィークポイントなどを開け広げに語るのは、それで部下の人たちが何か学んでくれたらという思いやり、つまり「利他性」の表れだと思います。なぜなら、ビジネスパーソンにとって大きな無形の価値があるのは、「先輩から伝授された知恵」だからです。成功法則よりも失敗からの知恵を伝えたほうが、相手にとっての学習効果が高い場合は多くあります。

知識は本を読めば身につけられます。スキルは研修を受講して反復練習をすれば大抵の場合は習得できます。しかし、人生やキャリアの逆境で自分の救いとなるような知恵は、そうかんたんに得られるものではありません。それを北村社長は、まるでフリーマーケットに出すように、社内で語ることを常としているのです。

私の取材を受けている間も、同席した広報担当のマネージャーに「この話、社内でしたことあるよね」と話していたのが印象的でした。ご家族に関してのプライベートな話を聞いた時に「これを本で伝えてもいいのですか」と確認すると、「いいですよ。隠すものは何もないので」と笑っていました。

ストレスの「損切り」を身につけよう

最後に、私は「やっぱり人は打たれ強くなるためには、逆境体験をしなくてはいけないのでしょうか」と聞きました。すると、北村社長は「僕は捉え方次第だと思います」と即答しました。

「逆境なんてものは、誰かれかまわず日常茶飯事で起きることだと思います。その時に、何かに気づくかだけだと思いますね。感情の揺れ動きは、人間なんで当然ある。でも、つらいなと感じるだけで理解できない人もいます。自分の体験を眺めて、感じることと理解するということを同時にしなければ、逆境なんだけど逆境と気づかないまま終わるケースもある。結局、誰もかれも、たぶん逆境はあるはずで、そこに気づくかどうかということが一番のポイントかなと」

「だから、自分の中にもう1人の自分じゃないけど、操縦している自分というんですかね、『ああ、ちょっと今落ち込んでいるな』と感じながら見ている、もう1人の自分がいれば、もっと冷静に理解することができるはずだと思います。この逆境でのつらさを感じている自分と、それを眺めている自分のギャップがないと、やっぱり逆境にあっても成功しても、何も気づかないで終わっちゃうかなという気がしますね」

「なるほど」と私は納得するものがありました。自分の弱みを隠すことなく、逆境体験を部下にもオープンに話すことを常にしている北村社長にとって、その経験は本人にとってつらいことでも恥ずかしいものでもないということに気づかされたのです。

それは既に起こった出来事であり、変えられるものでもない。でも、捉え方は自分の自由なのです。ネガティブな出来事をニュートラルに捉え直すことができれば、それが自分にとって心の傷となるような経験ではなくなるのです。そして、その逆境体験から初めて気づくような意味や、何か役に立つ教訓を得られれば、その経験が自分にとって「あってよかった」プラスの出来事として捉えることも可能なのです。

「昔のリクルートは、大抵、小さい時に苦労して、ハングリー精神をもっている人を採用していたそうです。もちろん、その体験に囚われているかではなく、どう捉えているかが重要なんですが、リクルートの原点がそこにあるのですよね」

やはり北村社長も、『レジリエンス・リーダー』でした。そして、その根底には「利他性」という強みがありました。さらに、そのはつらつさの源には、どんな大変なことがあっても、それを体験している自分とは別に眺めている自分が存在し、捉え方次第でその体験の意味を変えることができることに気づいている「自由」があったのです。

ストレスを感じることや嫌なことがあっても、すぐに捉え方を変えることで「損切り」ができる。利他的であらんとすれば、後悔することもない。その結果、右肩上がりの充実と幸せに溢れた人生とキャリアを送ることができるのです。

教訓

- リーダーが高い利他性をもつことで、自分でモチベーションを高めることができるだけでなく、ポジティブな波及効果が生まれ、助け合いや関わり合いのある組織やチームを形成できる。
- 自分よりも年長の部下や知識や専門性に長けたスタッフを率いる立場になったときには、その人たちをいかに管理し指導するかと悩むよりも、その人達を支援するサポーターとして何ができるかを考えるとうまくいくことがある。
- つらく苦しいネガティブな体験はコントロールすることはできないが、その出来事

をどう捉えるかについては自分でコントロールできる。つまり、捉え方次第で、何があっても、何が起きても機嫌良く働くことが可能である。

第４章

「根拠ある自信」という強み

自分を信じないと失敗する

成果をあげるリーダーの特徴として「自信があること」が挙げられます。チームを率いて目標を達成できるという自信があるのです。

ところが、それが「根拠なき自信」だと、いざ困難に直面したときに気持ちが揺らぎ、足元がぶれてしまいます。たとえば、就職活動において「私は御社で活躍できる自信があります。誰よりも熱意があり、がんばれるからです」と話す学生がいますが、その熱意と頑張りに過去のエビデンスが伴っていなければ、それは空虚な根拠なき自信となります。

では「根拠のある自信」とは何でしょうか。その1つに、心理学で研究されている「効力感」があります。それが個人の場合は「自己効力感」と称されます。

この自己効力感は、レジリエンスの高い人材の重要な心理的資源となり、『レジリエンス・リーダー』の不可欠な要素です。効力感という根拠ある自信を身につけたリーダーには、次のような信念があります。

「私は一生懸命がんばれば、困難な問題を解決することができる」

「予期せぬ障害に出会っても、うまく対処できる自信がある」

「必要な努力さえ惜しまなければ、ほとんどの問題は乗り越えていける」
「難題に直面しても、いくつかの解決策を見つけることができる」
「何があっても、対処する自信がある」

このように考え、自分のことを信じることができる人が、自己効力感の高い人です。
この研究の第一人者、スタンフォード大学心理学部のアルバート・バンデュラ教授は、私たちの誰もがもつ自己の能力への確信、つまり「やればできる！」という信念を、自己効力感（セルフ・エフィカシー）と名付けました。

実際に、効力感の高い人は目標達成への意欲が強く、その達成率も優れていることがわかっています。「やればできる！」と自己を信じる自己効力感は、成功を任務とするリーダーにとっては必要不可欠な要素なのです。

バンデュラ博士も「自分を信じることが必ず成功を約束するというわけではないが、自分を信じないことが失敗を生むのは確かだ」と言っています。たしかに、自分を信じることのできない、つまり自信のないリーダーについていきたいと思う人は多くないでしょう。

自己効力感を鍛える習慣は、どのリーダーにとっても大切です。効力感は上下するものだからです。一度、自己効力感が急低下してしまうと、リーダーとして今後やっていく自信を失ってしまいます。しかし、常にメンテナンスし、毎日の仕事で自己効力感をトレーニングし続ければ、高いレベルで安定した効力感をもてるようになります。

カリスマリーダーは、登用側の安全牌

人の上に立つ人は、たしかに自信家が多いと思います。「この人は自信満々だから、きっと部下を立派に率いてくれるだろう」と期待され、組織の中でリーダーの立場に引き上げられる人も多いでしょう。なぜなら、リーダーを任命する仕事にも責任が伴うからです。失敗すると、責任を問われ、後が大変です。そのため、自信が前面に出ている「カリスマリーダー」の人材は、リーダー登用の際の安全牌なのです。

ただ、自信満々のカリスマリーダーが必ず仕事で成果をあげられるとは限りません。その自信は「根拠なき自信」である場合があるからです。

たとえば、大学の体育会系クラブでキャプテンをやっていたようなリーダーは、声も人一倍大きく、人前に立って話すことやチームを鼓舞することは得意かもしれません。ところが、その人が衰退市場における商品・サービスを担当するリーダーとなると、どれだけ

声を荒らげて叱咤激励しても業績を改善することは困難です。今の国内の家電市場がその好例です。低成長または衰退傾向のある業界では、ユーザーの新たなニーズを見いだしてそれを実現する「イノベーション」を生み出すリーダーシップが必要になります。大きな声を出すだけでは、革新的な商品やサービスは生まれません。

実際、多くの企業では、「根拠なき自信」をもつカリスマリーダーよりも、ある特定の仕事に関して一流の腕前を見せる自己効力感の高いリーダーを必要としているのではないでしょうか。

成長著しいアジア新興国などと違い、日本国内のような成熟市場では、新しいタイプのリーダーが必要です。その１つが、自己効力感という「根拠」をもっているレジリエンス・リーダーなのです。

自己効力感を高める方法には、大きく４つあるとバンデュラ博士は伝えています。

第1が「実体験」です。「やればできる！」という信念をもつには、小さな成功体験をもつことが早道なのです。

第2が「お手本」です。先輩や上司、専門家をモデリングすることで、「自分にもできる！」と信じられる代理体験となるのです。

第3が、周囲の人からの口頭による「励まし」です。

そして第4が、高揚感を高める「ムード」です。

これら4つの方法をバランスよく使えば、社員個人の効力感も高まり、チームや職場の組織効力感もアップします。部下をもつリーダーなら、セルフマネジメントで自己効力感を高め続けるべきでしょう。

「ギバー」タイプは人脈でも得をする

自己効力感を強みとするリーダーとしてご紹介するのは、米国に本社をもち、世界最大のコングロマリット（複合企業）として有名な会社のヘルスケア部門でシニアマネージャーを務められている湯藤寿人さんです。

もともと日系の大手企業に勤務していた湯藤さんが現在の外資系企業に転職したきっかけは、「弱いつながり」からもたらされました。既にその外資系企業に勤めていた兄の友人に「あなたには絶対に合うから」と強く推薦されたのです。

キャリアの転換期にいた湯藤さんは、その考えに興味を示すと、すぐにアジア太平洋地域のCIO（最高情報責任者）との面接が設定され、1回の面接でこの世界的に人気のグローバル企業への入社が決まってしまったのです。信頼できる内部の幹部社員の推薦なしではありえないことです。湯藤さんの兄の友人が、責任をもって「この人ならば、厳しいトレーニングを乗り越えて優秀なリーダーになれる」と強く推した結果でした。

人脈には主に2種類あります。1つ目が「ストロング・タイ」といわれ、普段顔を合わせている職場の上司や同僚、または親友や家族といった、心から信頼でき親密性をもてる「強いつながり」です。幸せな人生を送る上で、とても大切な関係性です。家族や友人と親密なつながりをもつ人は、幸福度が高いこともわかっています。

2つ目の「ウィーク・タイ（弱いつながり）」は、幸福とはあまり関係がありませんが、社会心理学やネットワークの研究で注目されている人脈です。普段顔を合わせることのない、ちょっとした知り合いがこれにあたります。以前にどこかで面識があり、フェイスブックやリンクトイン（世界最大のビジネスパーソン向けソーシャルネットワーク）などで「お久しぶりです」とメッセージが送られて、「ゆるいつながり」をもつようになった人との関係です。

スタンフォード大学の社会学者マーク・グラノヴェッターの研究である「弱い人脈の強さ」によると、転職の際のキャリアの転機に、仕事の有用な情報や問題解決の役に立つ知識を「弱いつながり」から得ていた人は28％にのぼり、「強いつながり」の17％を上回っていたことがわかりました。「強いつながり」は同じ人脈の中に属すため、同じ情報や転職機会を共有しがちなのですが、「弱いつながり」の人たちはより新しい交流や機会の窓口になる橋渡し的な役割をもつことがわかったのです。

しかし、これはすべての「弱いつながり」の人にいえることではありません。つながりがゆるければゆるいほど、信頼関係も構築できず、転職といったプライベートな情報を気軽に話すことは難しいからです。そこで、自分が弱いつながりをもつ相手にどう接するかが重要となります。

第3章で紹介した組織心理学者のアダム・グラント教授は、著書『Give & Take「与える人」こそ成功する時代』で、普段から他者に寛大に接している「ギバー」タイプの人は、数年間音信不通になっていた休眠状態の「弱いつながり」の人からも役に立つ情報を手に入れやすいと伝えています。なぜなら多くの人は、誰かから親切にされた時に、「いつかはきちんと報いたい」と考える傾向があるからです。

私たちは、年を重ねるほど「休眠状態の弱いつながり」が増えていきます。しかし、自分の態度次第で、その人たちとの「ゆるいつながり」は価値ある貴重なつながりへと変容するのです。新しい人脈を必死に開拓するよりも、既に自分にもたらされていた古いつながりに大きな可能性が眠っていることもあるのです。

輝く経歴の裏に

日本国内での事業を経験した湯藤さんは、現在はシンガポールを中心にアジア新興国にその土俵を拡げています。

湯藤さんと会う前に送られてきた「リンクトイン」の学歴・経歴を見て、私は「なんてハイスペックなのだろう」と驚きました。小さい頃にアメリカで暮らし、英語が堪能で、大学は東京大学で物理学を専攻、社会人になってからはPMP（認定プロジェクトマネジメント・プロフェッショナル）やCPA（米国公認会計士）の資格を取得し、現在は著名ビジネススクールのINSEADへの入学が決まり、働きながらエグゼクティブMBAを取得されようとしています。

湯藤さんのオフィス近くにあるレストランでランチをご一緒することになったのですが、履歴がとてもハイスペックな方だったこともあり、私も少し緊張していました。

ところが、会った瞬間に、その心配はどこかに消えてしまいました。湯藤さんが、とてもオープンで感じのいい人だったからです。

そして、じっくり対話をして、わかったことがあります。たしかに輝かしい経歴の持ち主ですが、実はそのキラキラした履歴の背景には、いくつかの大きな逆境が隠されていたのです。しかも、子どもの頃に、人生のどん底ともいえる経験をしていたのです。

「この人の経歴は、逆境を乗り越えたことで培われた『根拠ある自身』に裏打ちされているのではないか」と私は考えました。そして、湯藤さんが逆境でたどった道は、レジリエンス・リーダーに必要な『根拠ある自信』を鍛えるための王道ともいえるものでもありました。

私は「エリートには2種類ある」と考えています。「打たれ強いエリート」と「打たれ弱いエリート」です。湯藤さんは、前者でした。レジリエンスのある人だったのです。

私が湯藤さんをこの本で紹介するのは、「華やかな経歴を目指せ」という意味ではありません。

レジリエンス・リーダーには、経歴はあまり関係ないと思います。世の中で活躍しているリーダーには力強い学歴や経歴の持ち主が多いのも事実ですが、ポイントは、表面的な学歴・経歴という見た目のスペックではなく、その内側にある本人の「強み」を知ることだと思います。

それが本人の正しい評価と理解につながり、「このようなステップを踏めばこれほどまでの力を発揮できるようになる」ということを、他者をお手本として学ぶ結果にもつながると思います。

リーダーにとって重要な「他薦」

お会いした湯藤さんは、年齢は30代でありながらも、落ち着いた雰囲気を感じさせる人でした。いわゆる高学歴・出世志向の帰国子女にありがちな、ふわふわした印象がまったくなかったのです。代わりに、内側からほとばしるエネルギーを感じさせました。

「私が採用担当の面接官だったら、この人を間違いなく採るだろうな」と、お話を聞きながら心の中で考えていました。NPSが高かったのです。

NPS(ネット・プロモーター・スコア)とはマーケティング用語で、顧客の継続利用意向を測るためのシンプルな指標です。お客さまに対して「あなたは○○の製品を友人に薦めますか?」と質問し、0~10点の11段階評価をもとに、0~6点を「批判的」、7~8点を「中立的」、9~10点を「推奨(プロモーター)」と分類します。そして、推奨者の割合から批判者の割合を引くことで、推奨者の正味スコア（NPS）が出ます。

私も以前の職場P&Gで新商品を開発するときにこの手法を用いることがありました し、広告代理店を年に一度評価するときにもこの指標を使っていました。「他社にこの広告代理店を推奨しますか」という質問に、マーケティング責任者が答えるのです。

NPSは人材採用でも活用することが可能です。実際あるヘッドハンターからは「社外からリーダーを採用する際には、NPSを使うことがあります」と聞きました。その候補者が過去に仕事で関わった人たちに支持されているかどうかを理解することが目的です。プレーヤーの採用であれば実績や専門性を理解すれば充分ですが、リーダーを登用する場合には他薦されうる人材かどうかが、採用の際の意思決定での重要項目となるのです。

湯藤さんは第一印象で高いNPSを感じさせました。その理由は、「自己効力感」という強みをもっていたからです。

格好つけず、努力を隠さない魅力

湯藤さんは、現在の会社に非常に満足しているようで、幸せそうでした。本人の価値観と会社のバリューがほぼ完全に一致するほどの相性の良さがあったそうです。

社員と会社の価値観がマッチしたとき、人はどう感じるのでしょうか。湯藤さんはその感覚を「自分はただアクセルを踏み続けるだけで、絶対にこの会社でやっていける、この会社を通して世の中に貢献ができるというふうに思える」と表していました。

以前に日系企業にいた時は、頑張りすぎると「うるせえ」と言われることもあったそうです。「出る杭は打たれる」といった社内文化があったのでしょう。でも、今なら迷いなくアクセルを踏める。「出る杭は育てる」という環境にいるからです。

キャリアも、かなりリスクをとりながらのアクセル全開という印象を受けました。現在の職場であるシンガポールには、海外転勤ではなく転籍する決意をして家族と一緒に引っ越したとのことでした。日本法人を一旦辞め、退職金をもらい、シンガポールのローカル社員として再就職する道を選んだのです。海外駐在員につきものの大きなベネフィット、海外手当は支給されません。また、名門経営大学院ＩＮＳＥＡＤへは、私費留学の選択をしました。現在勤務している企業はＭＢＡのケーススタディでも頻繁に扱われる大企業です。採用されるためにＭＢＡは必要かもしれませんが、働くためには必要ありません。それなのになぜ身銭を削ってまで、ＭＢＡの取得にこだわったのでしょうか。

なんと、学位取得は二の次だったのです。「世界中からリーダーが集まるクラスの中で、自分がどれほど通用するのかを見極める」ための他流試合を目的として、世界で最もインターナショナルな経営者養成コースの受講を決めたのでした。

実は私も前職でシンガポールの赴任が決まったときに、湯藤さんが受講しているエグゼクティブMBA課程を受けようと考えていました。しかし、受講料が驚くほど高額で、しかも年に数回パリ・シンガポール・アブダビの3拠点で各2週間の集中講座が行われるため、有給だけでは足らず無給休暇をとらなくてはいけないことがわかり、断念せざるをえなかったのです。

金銭的・時間的な理由で私があきらめたそのコースに、湯藤さんは家族を養いながら果敢に挑戦しようとしていました。単純に「すごい」と尊敬の念をおぼえました。

こうして私は、湯藤さんの人物像が徐々に変わっていくのを感じました。会う前は「帰国子女→東大→大手日系企業→大手外資系企業」といった華やかな履歴をもつ、エリート街道まっしぐらのビジネスパーソンのイメージがありました。

しかし、本人を知るにつれて、その履歴の裏側に隠された「地道に努力を継続し、自らを切磋琢磨することを厭わないハードワーカー」の印象が強くなっていったのです。一所懸命に働く人や努力を怠らない人が好きな私は、湯藤さんにより好印象をもちました。

家族そろって危機に瀕した幼少期

そんな湯藤さんの印象をさらに強くしたのが、現在に至るまでに経験した過去の逆境についての話を聞いたときでした。すべてがうまくいっているように見えて、実は現在の会社で失敗をすることも多く、苦労したリーダーだったのです。

湯藤さんに描いてもらった逆境グラフを見ると、現在は右肩あがりです。仕事での苦難をものともせず、問題を乗り越えることに楽しみを感じているようでもあります。

「実は、今日もマレーシアのクライアント先の病院から苦情の電話がかかって、私のチームが大急ぎで解決にあたっているところです。もともとは別の会社に発注したシステムの問題ですが、今は我々が引き受けているので、至急前の会社に連絡をとって原因を探っているところです」と話すのですが、その様子からは焦りや不安のネガティブ感情はまったく感じられず、むしろワクワク感を感じさせました。本人も、「そうですね、私はトラブルや難題が発生すると、結構エキサイトしてしまいます」とうれしそうに言います。

湯藤さんがビジネス上の苦境に感情が揺れ動かされることがなく、むしろ自ら修羅場に飛び込むような肝が据わっているのも、小学生のときに「どん底」と思えるほどの逆境を経験したからでした（グラフ①）。その逆境経験はまさしく、自己効力感、根拠ある自信を手に入れるために、湯藤さんに課せられた試練のようでした。

湯藤さんが小学校3年生の終わり頃、9歳の時に父親の仕事の関係でアメリカ・オハイオ州の地方都市で暮らすことになりました。それまでの湯藤さんはクラスのガキ大将的な存在で、友達も多く勉強もできて運動も得意、少年野球のチームではキャプテンでした。誰からも注目される幼少時代を、日本で過ごしてきたのです。

ところが、アメリカ東部の地方都市というそれまでとはまったく違う環境に移り、右も左もわからないまま地元の公立学校に入ったときから、逆境が始まります。親も子も先生も白人という完全に白人だけの社会に、いきなり入れられたのです。

湯藤さんの父親は、日系メーカーに勤めるエンジニアでした。日本の技術を買収先のアメリカ企業の技術者に教えに行くという役割で駐在することになったのですが、英語が達者だったから選ばれたわけではなく、技術力が見込まれての人選でした。湯藤さんとその両親、そして3歳上の兄の家族全員が、ほとんど英語のできない状態だったのです。

学校では凄惨ないじめこそなかったものの、明らかな差別はかなり受けたと湯藤さんは回想します。同級生もアジア人を見るのが初めてで、どうつきあったらいいのかわからな

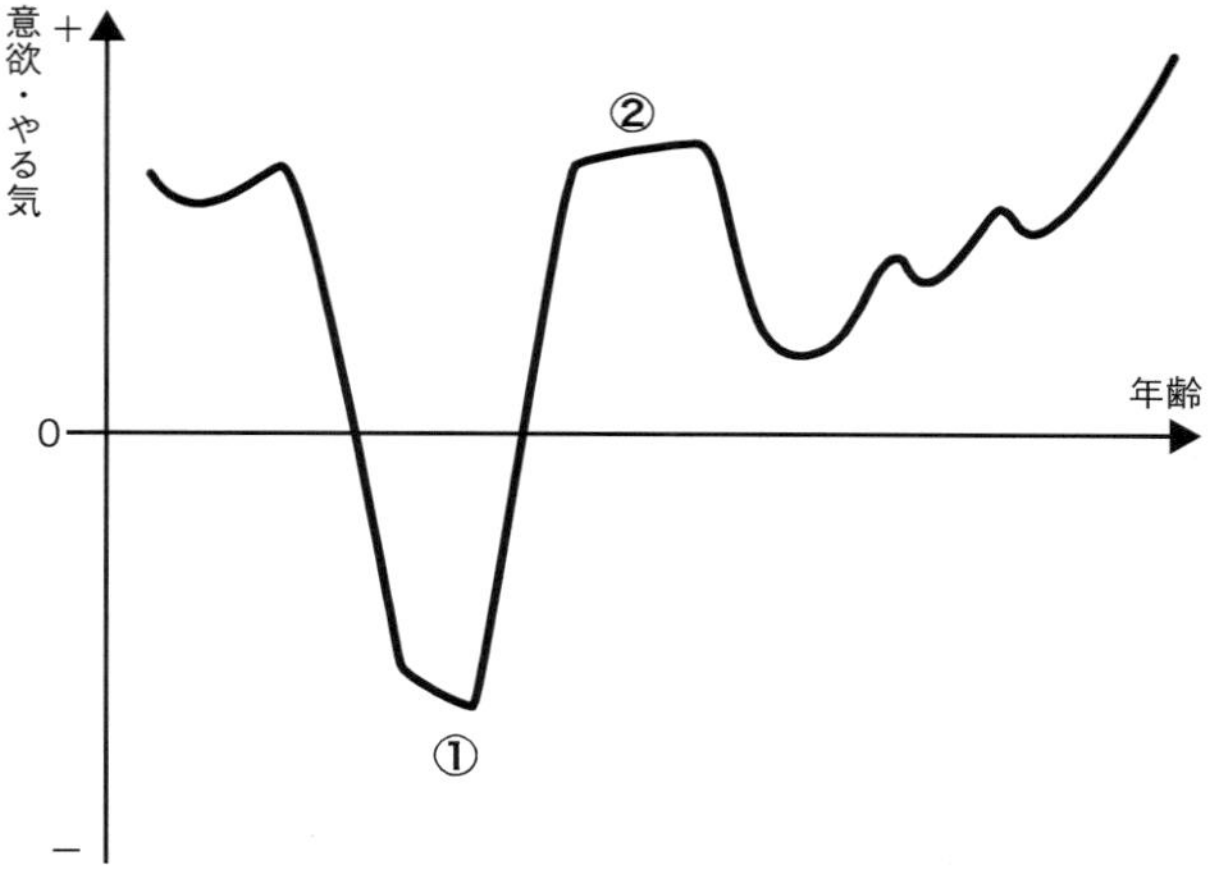

湯藤氏の「逆境グラフ」

かったのでしょう。

父も英語での仕事が想像以上に大変で、母親のサポートができなくなりました。海外での子育てや学校関連の行事は、母親の大きな負担となりました。家族全員が精神的にガクンと落ち込み、渡米後の最初の2年間はそれはつらい時期が続きました。

どん底では、スパルタよりもベイビーステップ

アメリカのローカルスクールに放り出された湯藤さんには、何もかもが新しい環境に適応するための自信が圧倒的に不足していました。日本の学校では誰よりも適応して楽しんでいたこともあり、このギャップは本人にと

って大きなショックとなりました。

アメリカの学校に移って最初の2週間は、湯藤さんは何もできず、ただクラスの席に座っている状態でした。しかし「このままいくと精神的にも肉体的にもつらすぎる」「言語を覚えない限り無理だ、どうにかしなきゃいけない」と切羽詰まった気持ちになります。

そこで、プライオリティを英語のコミュニケーションに置き、周りの人の行動を愚直に「モデリング」し、自信を高めることを開始したのです。

当時の湯藤さんは、ネイティブスピーカーである同級生が話すナチュラルでスピーディーな英語の文章がどこで区切られているかも知覚できないので、とにかくクラスの皆の表情を見て、クラスの雰囲気と空気感を察知し、この雰囲気の時にはあの人はこう口を開いて、こんな表情でこの音を出している、というパターンを手当たり次第に学習したといいます。

表情と口の開き方とその場の空気感がセットになった「全体の事象」を脳にインプットし、次に同じような場の雰囲気を察知したときに、脳から丸ごとアウトプットして会話を成り立たせようというのです。湯藤さんが苦渋の選択として行ったモデリングはしかし、語学においても学習効果が期待できる適切なチョイスでした。

この章の始めに説明したように、自己効力感という「根拠ある自信」を高める方法には、「実体験」「お手本」「励まし」「ムード」の４つです。湯藤さんは、クラスの同級生の英語を「お手本」としてモデリングすることで「自分にもできる！」と思える自己効力感を高める努力を積み重ねたのでした。

自分が言葉を発して相手に変な顔をされたら、「これは違う」、何となく通じた時には「今度同じような時にもう1回これをやってみよう」と、トライ＆エラーを繰り返しました。「日本に帰って来てから、物真似が得意になったことに気づきました」と湯藤さんは笑います。アメリカで必死に生き残るためにもがいていた期間に、モデリングの達人になってしまったのです。

モデリングによる観察学習は、湯藤さんの英語コミュニケーションにおける自己効力感をスローながらも着実に高めていきました。自己効力感を高めるトレーニングやコーチングとしては、無理に難しい課題にチャレンジさせるスパルタ的な教育よりも、小さな成功体験とお手本を観察する代理体験を駆使して、少しずつ自信を培っていく「ベイビーステップ」のアプローチが安全で効果的です。これは多くの人にとっても有効でしょう。

「無理そうなことでも、自分はやればできる！」という自己効力感が湯藤さんのなかで養われたのは、渡米して2年目の終わりの頃でした。何がきっかけだったのでしょうか。

トリガーイベントを作ろう

アメリカでは春に「中世の日（medieval day）」という祭日があります。その日にクラスで「キング・アーサー」の芝居をやることになったのです。そのときに「少しずつ英語ができるようになっているから、これはいけるかもしれない。ちょっとやってみよう」と考え、湯藤さんは思い切って主役のアーサー王に立候補したのでした。渡米2年目にして、大きなジャンプを試みたのです。

実は、湯藤さんには勝算がありました。芝居に関する実体験を豊富にもっていたのです。日本にいたとき、幼稚園から小学校三年生までの演劇会でずっと主役をやっており、「自分ならできる！」という自己効力感が充分にあったのです。

課題は、英語でのセリフまわしでした。そこで湯藤さんは、練習で全員分のセリフをすべて暗記するという大技に出ます。芝居そのものを丸ごと記憶に取り入れるという学習方法で、芝居は大成功したのでした。

その芝居の幕が下りた瞬間が、湯藤さんにとっての大きな転機となりました。英語で主役を務めたという成功の実体験に加え、クラスのみんなからも、よく頑張ってくれてありがとうと声をかけて「励まされ」、自分を取り巻く「ムード」も高まり、英語力に対しての自己効力感が一気に高まったのです。

「そこからは、自分の学習スピードがすごく加速していったと思います」

海外に移住し、精神的などん底を2年間味わった後の、再起に向けてのトリガーイベントでした。

「英語がわかるようになってきたら、それまでは自分は周りよりも極めて劣っているという感覚で日々過ごしていたのが、そうでもないと180度考えが変わるようになりました。学校でやっていることも、そんなに難しいことではなく、みんなの学力もそれほど高くないということにも気づいたのです。しばらくしたら、日本にいた時のような感じで、どんどん積極的に手を挙げられるようになっていったのです」

演劇の主役の次には、湯藤さんは学校のブラスバンド部でもコンサートのバンドマスターに立候補しました。言語をそれほど必要としない野球やサッカー、徒競走やハンドボールなどのスポーツでも実力を発揮することで、「運動ではみんなに負けない」という実感を蓄積していきました。アメリカには5年間居住していたのですが、はじめの2年間の暗黒の時代を乗り越えて、上昇気流に乗り、最後の2年間の湯藤さんは成績上位優秀者として全校表彰されるほどになっていました（グラフ②）。

修羅場を経た湯藤さんが得た重要なスキルがあります。それは「空気を読む」スキルです。

アメリカに行く前は、クラスでガキ大将的な存在だったので、自分のやりたいようにふるまうことができ、周りが自分に注目してくれたので、空気を読むことも周りに気遣いする必要もありませんでした。ところがアメリカに行ってからは、日々生き延びるために、空気を読まざるをえなかったのです。この空気感を察知する感覚は、後に社会人になってリーダーの役割をもったときに非常に役に立ったといいます。

また、自分がどれだけ不利な状況にいても、活路は必ずあるという信念が磨かれました。まさにレジリエンスです。その信念が、湯藤さんの高い自己効力感の基盤となり、帰国後の学生生活や社会人生活でも発揮されます。

小さくてもいい、実体験にもとづく確信を

しかし、最も大きな気づきは、「自分は日本人だけれど、欧米人と比べても十分戦える」

という経験に裏付けされた確信だったといいます。学力に関しても運動に関しても負けていなかった。同じスタートラインに立って同じ競争をすれば負けずにやっていけると、競争社会の本場であるアメリカで確信できたのでした。

その実体験が、当時の学校よりも何千倍も大きな規模の、今の会社組織で活きているのです。

白人中心の小学校と中学校で、日本人の自分がトップの一角を占めることができた。そうであれば、白人が経営管理職のほとんどを占めるグローバル企業でも、再現することは充分に可能だろうという「感覚的なもの」が湯藤さんの内面に形成されたのです。

この話を聞いて、私は感嘆しました。自分自身、グローバル企業の中で、とくにアメリカ人やヨーロッパ出身の白人エリート達の中で揉まれ、「日本人の自分にどこまでやれるんだろう……」といつも不安な気持ちでいたからです。

日本人にも欧米人にない強みはあります。たとえば、現場でのオペレーション的な仕事のエクセレンスや商品作りの繊細さなどは、他の国の人々にひけをとりません。化粧品の新商品開発を担当していた頃は、「この商品パッケージの質感と触感への微細なこだわりは、日本人とフランス人にしかわからないだろう」と外国人デザイナーに言われました。

しかしながら、経営力とグローバルレベルのリーダーシップ力に関しては、欧米のエリートの方が優れていると私は感じていました。育った環境や受けた教育、そして人格的な部分に何か違いがあるのではないかと考え、劣等感とあきらめを感じていたのです。

しかし湯藤さんにとっては、日本人も欧米人も大きな違いはないという確信があった。日本人特有の「欧米人に対しての臆する気持ち」がゼロだったのです。

ホームかアウェイか

湯藤さんは日本に帰国して高校・大学と送る間も、グローバルの領域で日本人の実力があまり認められていないことが気になっていました。アカデミックな世界でもビジネスの世界でも、日本人が正しく評価をされていない感覚があったのです。科学的な分野で努力している研究者と話してみても、「やっぱり日本人は世界に出て行くのが難しい」と聞き、トップを目指すことを最初からあきらめていることがわかりました。

ところが湯藤さんは「いやいや、そんなはずはない。日本人だって同じ土俵に立てば、もっとやっていけるはずだ」と考えたのです。しかし、考えているだけでは何も変わりません。誰かが実際に行動して、日本人でもできることを証明しなくてはいけない。

その思いが結晶化したのが、湯藤さんの個人的なミッションである「日本人でもグローバル企業というビジネスの世界でトップマネジメントとして活躍できることを証明する」というステートメントです。

「グローバル企業の日本法人で働きながら、いろいろ苦労はしましたが、自分のミッションを達成することは可能だと実感しました。今度は日本から出て、海外でも自分はキッチリと勝っていけることを示していきたい。それがシンガポールに来た理由です」

私は湯藤さんのミッションを耳にして、全米オープンで日本人として初の決勝進出を決めた錦織圭選手がテニスという分野で宣言していたことを思い出しました。それは、日本人でも世界で戦えることを証明したいという志です。実に大胆で壮大なミッションです。

「無理と言わない」ことがレジリエンス・リーダーとしては大切なことですが、思わず「それは無理でしょう」という言葉が私の口からでかけたほどです。トヨタなど、日本に本社があるグローバル企業で日本人がトップなのは珍しくありませんが、欧米に本社をもち「フォーチュン１００」に載るようなグローバル企業で日本人がトップマネジメントを担った事例はあまり聞いたことがありません。

しかし、「この人であればできるかもしれない」と感じさせる何かを湯藤さんはもっていました。それが、米国生活の逆境体験の中で培われた自己効力感という強みだったのでしょう。また、私は「この人はホームよりもアウェーのほうが強いのではないか」とも感じました。荒波のなかで実力を発揮するタイプのリーダーですし、海外には「出る杭は打つ」といった恥ずかしい行為をする人が少ないこともあります。

奥さんというサポーターがいることも、湯藤さんに勝算を感じる理由です。奥さんも小学校6年間を欧州で過ごしていることもあり、湯藤さんの考えにとても共感してくれる相手だそうです。「今後も逆境続きでアップダウンが多い人生だと思いますが、理解してくれる家族がいるから大丈夫という安心感があります」と話していました。

アウェーで活躍するには家族の支えが必要不可欠なのは、スポーツ選手でもビジネスリーダーでも同じです。まだまだ成長の途上にある湯藤さんがどんなリーダーに育つか、非常に楽しみです。

教訓

・転職などのキャリアの節目では、しばらく会っていない休眠状態の「ゆるいつながり」の人から思わぬ情報がもたらされることもある。

・仕事で満足し、幸せになるためには、自分に合った「場」を選ぶことが大切である。とくに個人と会社の価値観のフィットが不可欠。

・レジリエンス・リーダーになるためには、自己効力感を養うことが重要。とくにグローバルリーダーとしては、英語のコミュニケーションにおける効力感が大切。

・大きな逆境を乗り越え、自信と達成感を体験した後で、自然に気づくミッションがある。視野が広がり、自分がすべきことが見えやすくなっているからだと思われる。

・居心地の良い国内や同じ業界といった「ホーム」が自分にあっているか、または海外や異業種といった「アウェー」がいいのかの見極めも大事である。

第５章

意志の力が支える「勇気」という強み

勇気と恐れ知らずは違う

『レジリエンス・リーダー』の第5の強みが「勇気」です。

この章では、リーダーにおける勇気の重要性についての研究と、私が勇敢なリーダーとしてリスペクトする2人の人物を紹介します。勇気、または勇敢さとは「脅威や試練、困難や苦痛に直面しても怯まない内面の強さ」と表現することができます。あいまいなもののように聞こえるかもしれませんが、そんなことはありません。もし皆さんの普段の行動が左記の問いに当てはまるのであれば、勇気という強みを備えていると考えられます。

○ 強い反対にあっても、発言することを恐れない。
○ 他の人が危険と感じるような新しい体験を求める。
○ 自分への大きな危険があっても、他の人を助けるための行動をとるだろう。
○ 自分と他者に現実を直視させるような難しい問いかけをしばしば行う。

勇気を強みとしてもつリーダーは、恐れにとらわれず、なすべきことは行い、不人気で困難な立場にあっても平静を保つことができる行動特性をもっています。ただ、誤解のないように伝えますが、勇気のあるリーダーとは恐れ知らずの人間ではありません。恐れを知らない人は、自分の感情に対して鈍感か、もしくは人生経験が未熟で、本来は恐れるべき問題に恐れを感じられないだけという場合があるからです。または物事を自分の都合のいいように歪曲的に見る、非現実的楽観主義者という可能性もあります。

そんなリーダーに率いられる人たちの将来は悲惨です。しばしば間違った方向に突き進み、どれだけ勤勉に仕事をしても報われないどころか、他人や世間に迷惑をかけ、ネガティブな結果を残してしまうことがあります。第二次世界大戦での日本の軍部や、ドイツのナチス党で意思決定を担っていたリーダーがそれにあたるかもしれません。または、自然環境や人々の健康を悪化させる生産活動を推し進めるリーダーも、そのカテゴリに入るでしょう。恐れ知らずとは、最悪の結果を想像する思考能力が停止して、目先の利益のために行動するタイプも含まれるのです。

本章で伝える勇気あるリーダーは、「恐れの感情を認知することができる」人です。そして、そのネガティブ感情を「自分の意志の力でコントロールすることができる」人です。

そして、「容易だが間違ったこと」をしてしまう誘惑に打ち勝ち、「困難でも正しいこと」をあえて選択する「行動意志」をもった人たちです。

内なる勇気を引き出す方法

アメリカの心理学者のロバート・ビスワス＝ディーナー博士は、著書『「勇気」の科学』（大和書房）で、「勇気とは英雄だけのものではない。それは、誰もが習得することができる『困難な状況に立ち向かう行動意志』なのです」と伝えています。

博士は著作中で、勇気を測定するための「勇気指数」を提供しています。自分自身の勇気のレベルが自己理解できる便利なツールです。この勇気測定ツールは、主に2つの質問項目から成り立っています。1つが恐れの感情をコントロールする能力について。そして2つ目が、行動力を高める意志の力についてです。

勇気とは下のシンプルな方程式によってその度合いを測ることができます。

勇気指数＝行動意志÷恐れ

この方程式を理解すると、勇気という強みを高めたければ、またはあなたの勇気を内面から引き出したければ、主に2つの方略があることがわかります。

第1が「行動意志を最大限に高める」ことです。博士は「勇気とは、危険性や不確実性、恐怖があるにもかかわらず、道義的で価値ある目的に向かっていく行動意志である」とまとめています。自分のモラルに沿って正しいと思える有意義な目的に向けてアクションする意志の力を育むことで、勇気指数の分子が拡大し、結果的に勇敢な意思決定や行動ができるリーダーになれるのです。

しかし、恐れの感情が勇気ある行動を抑制し、邪魔をします。そこで第2の方略が「恐怖に打ち勝つ力を鍛えること」です。たとえば、間違った行動をする上司や社員を会社内で目撃したとき、道義的で正しい行いは、本人に注意するか、会社の適切な部署に告げることかもしれません。しかし、それには勇気が必要です。いくら正しいことでも、「嫌われたらどうしよう、報復をされたらどうしよう」という恐怖に打ち勝たなくてはいけないからです。結果、大抵の人は黙認してしまいます。

キャリアの節目にも、この勇気は試されます。たとえば、40歳を前にして将来の自分のキャリアに迷いが生じることがあります。現状の仕事はそこそこやりがいはあるし、待遇も満足している。でもこのままの状態が次の10年続くかどうか先が見えず、不安と恐れを感じるのです。そのときに行動意志を優先するか、恐れに支配されるかが問われます。

ドラッカーも指摘した勇気の重要性

あるアメリカの心理学者は、企業幹部のリーダーと、その他勇気が必要だと思われる職業（警察官、消防士、訓練中の軍人）において、勇気指数にどのような差があるのかを調べました。その結果は実に興味深いものでした。

常識的に考えれば、最も勇敢なのは軍人や警察官、消防士のように思われます。戦場に赴き、犯罪を取り締まり、ときには火の中に飛び込んで消火活動をするこれらの高リスクな仕事には、高い勇気が必要とされるからです。しかし、結果として勇気指数が最も高かったのは、企業経営者だったのです。行動意志は他のどの職業よりも高く、恐怖のレベルは低かったのです。

しかし、これは妥当な結果かもしれません。企業でのリーダーの多くは、先が見えない不確定な市場を相手に過酷な競争に勝ち抜いていかなくてはいけません。ときには大胆な意思決定を行い、その責任を自分が負う必要もあります。行動意志を強化して恐れの感情をコントロールできなければ、リーダーとして成果をあげることが困難だからです。

経営学者のピーター・ドラッカーも、経営者やリーダーの重要な職務である意思決定には勇気が求められるというメッセージを残しています。

「決定の準備は整った。決定の多くが行方不明になるのがここである。決定が愉快でなく、評判もよくなく、容易でないことが急に明らかになる。そして、決定には判断力とおなじくらい勇気が必要なことが明らかになる。薬は苦いとは限らないが一般に良薬は苦い」「優先順位の分析については、多くのことが言える。しかし、優先順位の決定について最も重要なことは、分析ではなく勇気である」（『経営者の条件』ダイヤモンド社）

日本の政治や企業においては、失敗や不祥事が起きた時によく「誰が責任をとるのか」と問いただされることがあります。そこで明らかになるのが、意思決定を行った責任者の不在です。誰が決めたのかがわからず、責任の所存もあいまいなままで終わってしまう。

これは、リーダーが何か重要な決め事をするときに、自分で責任を被らないように逃避の態度をとっていることが原因として考えられます。逃避行動の動因となるものは、恐怖の感情です。意思決定の際に自分の恐れの感情をコントロールすることができず、衝動的な逃避行動を起こしているのかもしれません。勇気の欠けたリーダーは多いのです。

とはいえ、恐怖のネガティブ感情をコントロールすることは簡単ではありません。リーダーの立場にある人は、さまざまな恐れの感情を抱く局面に立たされます。

まず、多くのリーダーは、数値目標を達成する数字の責任を負わされます。それもプレーヤーとしての個人目標ではなく、チームリーダーとして集団で成し遂げる目標です。それが月次目標であれば「この数値を締め切りまでに達成することができるだろうか」という不安をもって新しい月を迎え、月末が近づいてもその数値目標への推移から外れている場合は「未達に終わるのではないか」という恐怖に襲われます。

部下やスタッフの管理というピープル・マネジメントもリーダーの重要な職務です。しかし、対人関係は難しいものです。目の前にいる部下や後輩には嫌われたくありません。しかし本人の将来を思えば、ときには厳しいことを伝え、成長につながるようリードしなくてはいけません。それで嫌われるかもしれませんが、それでも正しいことを適切なタイミングで伝える勇気ある行動のほうが、短期的な心地良さを優先して長期的な不幸を招くよりはベターだと考えられます。

そういう私も偉そうなことはいえません。自分の部下に嫌われまいとして、率直な評価を伝える時期を遅らせてしまったことがありました。そのタイミングのズレは、結果として本人のキャリア設計を歪め、離職を招いてしまうという悲しい結果となりました。一方で、ＭＢＡを取得している中途入社の部下に、非常に厳しい指導を続けたことがありました。ＭＢＡホルダーでもない年下の上司である私にそこまでいわれるのは、相当つらかったと思います。いつも議論ばかりしていました。ところが、本人がマネージャーに昇進してからしばらくして「あのときに久世さんにハードに育てられて、当時は正直、嫌でたまりませんでしたが、今では感謝しています」と言われ、報われたものです。

勇気のある『レジリエンス・リーダー』になるのは楽な道ではありません。とくに恐れの感情をコントロールするのは難しい。しかし、もう１つの要素である「行動意志」を最大限に高めることにフォーカスして勇気を高めることは比較的実行しやすいです。

これから紹介する２人のリーダーは、勇気を強みとしてもち、行動意志を仕事の中で発揮して結果を出している人たちです。私にとってはロールモデルとしてとても参考になりました。皆さんにとってもそうであることを願っています。

巨大プロジェクトに押しつぶされる

１人目のリーダーは、プラン　ドゥー　シー社（以下ＰＤＳ社）の執行役員である岡田崇さんです。岡田さんの現在の役職は「プロジェクト マネジメント ディヴィジョン ゼネラルマネージャー」です。PDS社はウェディング・プロデュースとレストラン経営で有名な企業ですが、ホテルにおけるマネジメント・コンサルティングでも数々の案件を扱っており、その職務の中心となっているのが岡田さんです。

PDS社といえば、日経ビジネス誌で毎年発表される「働きがいのある会社ランキング」で常に上位に名を連ねていることで有名です。就職先としても大変人気で、サービス業の中では1位（2014年度・マイナビ調べ）、新卒採用の数十名の枠に約4万人がエントリーするほど。

東京・名古屋・大阪・京都・神戸・福岡といった国内の中心都市にホテルやレストランを構え、約1100名の従業員が「日本のおもてなしを世界中の人々へ」というミッションのもと充実した仕事をしている、注目の成長企業です。

岡田さんはPDS社に入る前は、ゼネコン系の企業で勤務していました。

「当社でも国立理系出身者は珍しいんですよ。昔から空間づくりに興味があってゼネコンに入ったのですが、何か違うなと感じて……。その後、当社の社長の野田の紹介を受けて、アルバイトとして入社しました」

建築のプロでありながら、まずはバーでのアルバイトとしてサービス業の基本をみっちりしこまれ、その後レストランのレセプション、バンケット・プランナー、レストランのマネージャー、ウェディングとレストランを統括するゼネラルマネージャーを経て、本社の不動産開発事業部で新規プロジェクトをゼロから立ち上げる仕事を担当することになりました。

そのときに岡田さんが責任者という大きな役割を任されてリーダーとして活躍したのが、神戸のオリエンタルホテルの再開発事業です。

オリエンタルホテルといえば、日本開国の時代に開業した老舗の西洋風ホテル。マリリン・モンローが新婚旅行の宿泊先に選んだこと、ヘレン・ケラーが来日中にそのホテルで食べたビーフシチューが「これまで食べた中で一番おいしい」と言葉を残したことでも有名な、日本最古といわれるホテルです。

阪神淡路大震災で被災して営業停止に追い込まれていたのですが、神戸のシンボルであり誇りでもあるホテルの復興を願う声は、地元住民からも多く寄せられていました。そこで２００６年、オリエンタルホテルを再開発するというコンペティションが行われたのです。

他社とともにPDS社もその百億円以上の大型プロジェクトに名乗りをあげ、その大型再開発プロジェクトのリーダーが岡田さんでした。ところがそのプロジェクトが、受注から開業まで、それはそれは逆境続きだったのです。

まず、他社とのコンペに勝たなくてはいけませんでした。PDS社が当時手がけていたホテルは国内2拠点のみで、知名度では競合に比して圧倒的に不利でした。

受注後には商標権の問題もありました。PDS社としては「新しくつくるホテルにも、伝統的なオリエンタルホテルの名前を譲り受けたい」と考えていたのですが、その名前を一部に使用しているホテルがすでにいくつも存在していたのです。

大型プロジェクトゆえのマネジメントの複雑さも、大きな障壁となりました。関係各社が集まる合同ミーティングは20名以上の大所帯となり、会議の進行もままなりません。

あがってくる図面はPDS社の理想を描ききれていませんでした。革新的なアイデアを提案する岡田さんに対して、会議の場で様々な意見が出たのです。「無理です。できません」と渋る関係者を熱意をもって説得するのも、岡田さんの役回りでした。デザイン・コンセプト・世界観の点では一歩も引けないと、岡田さんも必死でした。

さらに、ふくれあがる一方の工事費を誰がどのように負担するかという金銭的な問題も頻繁に起きました。ある定例会議では「このままだと、工事を止めるという選択肢も十分にありうると思います」との意見がプロジェクトチームから告げられたほどです。総工費が想定していた金額を大きく上回っていたのです。少なくとも、あと数億円は削減しなくてはいけない。ディベロッパー側かＰＤＳ社側か、どちらがどの程度工事費を受け持つのか、資金繰りをめぐって出口の見えない議論が続きました。

社内からも、岡田さんに対して大きなプレッシャーがかけられました。会社にとって史上最大の投資額、まさに社運を懸けたプロジェクトだったのです。本当に事業として軌道に乗るのかと、疑問視する声もリーダーの岡田さんの耳に聞こえてきました。

まさに、修羅場の連続。施工会社も開発側も、関わる会社、スタッフがみんないいものを作ろうとしている。みんな必死にこのプロジェクトを成功させるために頑張ってくれている。自分たちを応援してくれていることも知っていた。しかし、会社ごとの利害も異なり、一筋縄にいかず、意見がまとまらず、なかなか前にも進めることができない。

リーダーとしてプロジェクトの中心にいながら、うまく舵を取ることができない自分を歯がゆく感じていました。

その結果、悔しいと同時に自分が情けないという感情が溢れ出し、岡田さんは駅に向かって歩きながら、知らず知らずのうちに涙を流していたこともあるといいます。

「希望を見出せる」力

投資額の回収についての見通しは、なかなか立ちませんでした。しかし、リーダーが逃げ腰ではチーム全体の士気が下がります。岡田さんの胸の内には、悔しさという感情と一緒に、スタッフや関係各社に迷惑をかけた分、このプロジェクトを成功させて恩返ししようという、リーダーとしての強い意志が生まれてきました。

そこで岡田さんは自らを奮い立たせ、メンバーに接するときには常に明るく振る舞うと決めたそうです。逆境に直面し、恐れの感情に流されて逃げ腰になるのではなく、前進するために「行動意志」のアクセルを踏みこんだのです。

さらに、メンバーには「信じて任せる姿勢」をもち続けました。とくに若手からの提案には耳を傾け、よく考えられている企画にはすべてGOサインを出しました。ホテルのチャペルの内装や、バンケットの設備など、現場のアイデアも積極的に取り入れました。

これも、勇気あるリーダーの行為です。メンバーを信頼し、傾聴し、権限委譲することは「部下が失敗したらどうしよう」という恐れを伴います。その感情を前向きな行動意志によって制御して、部下に思い切って任せることが信頼関係を構築し、質の高いつながりを形成し、チームの意欲を高めることにつながります。

人は、信頼されることで誇りや安心、喜びや思いやりなどのポジティブな感情が自然に生まれてきます。そしてポジティブな感情はネガティブな感情と同様に人から人へ波及し、前向きな組織感情を形成します。しかもポジティブな感情には、人の視野を広げ、創意工夫行動を喚起し、問題解決能力を高める効果も期待できます。

開業という仕事は、オープンする瞬間に1人目のお客さまが入るまで、息をつく暇もありません。ゼロから1にすることは非常に大変な仕事です。努力と時間と資金と知恵、すべてのリソースの投入が必要とされます。

しかも、その通り努力しても期待通りになる確証はありません。起業家は「ゼロイチ（売上をゼロから1億円にすること）は、イチジュウ（売上を1億円から10億円にすること）よりも難しい」といいますが、それはこの4年半をかけたホテルの再開発も同じでした。

本格的な開業前に岡田さんがやっとほっとしたのは、「岡田さん、ウェディングの初受注を受けました！」というメンバーからの一報を聞いたときでした。

起業的な仕事をするリーダーにとっても、小さな成功体験の積み重ねは大きな自己効力感につながります。揉めていた資金繰りも決着しつつあり、少しずつ、わずかですが、見通しがついてきました。「このまま進めばいける……！」という希望が出てきました。

『レジリエンス・リーダー』は、困難を乗り越える過程で希望を見出すことのできるリーダーでもあります。ここでいう希望とは、漠然とした理想ではありません。ふわふわした希望は、ビジネスの現場ではほとんど役に立ちません。現実的で「実用的な希望」が、修羅場をくぐり抜ける際の最後の一踏ん張りでは必要とされます。

希望とは、何か問題が生じても、その状態が永久に続くことはなく、最終的にはより良い結果がもたらされると期待し、可能性を信じる心理状態です。人によってそれが人格的な特性であったり、状況や環境に応じて発揮される心理状態であったりします。

ポジティブ心理学の初期に大きな貢献をしたアメリカの心理学者リック・スナイダー博士は、「希望理論」の開発者としても歴史に名を残しています。博士の貢献は、この概念的な希望について明確な定義づけを行い、個人の希望度を測定するアセスメントを開発し、希望を形成するための方略と具体的な手法を明らかにしたことにあります。

スナイダー博士は「希望とは、目標が達成できるという期待感である」と定義づけました。そして希望の高い人は、学業やスポーツの分野、ビジネスなどの実社会で実力を発揮し、活躍できる可能性が高いことがわかっています。

希望の高さは、自尊心や楽観性、社交的な能力とも深く関連しています。つまり希望を高めることで、レジリエンスに欠かせない資質が底上げされるのです。また、高い希望をもっている人はただ成功するだけではなく、幸せに成功することができる人でもあります。希望の高さは、本人の幸福感と相関するからです。

そして、希望が高い人は、その目標が非常に重要であるとき、目標の達成が難しいとき、さらには困難な課題に直面したときに本領を発揮します。まさにレジリエンス・リーダーにぴったりの特性なのです。

意志は希望に宿る

なぜ「勇気」の項目で「希望」の話が出てくるのかと思われたかもしれません。それは、希望が高い人が有する力の1つが「ウィルパワー」、つまり「意志の力」だからです。これは、目標に行き着くまでの見通しをもち、障害に対しての対策も入念に準備した上で、「勇気ある一歩」を踏み出す際に必要な、自分を動機づける力です。

岡田さんがリーダーとして手がけたオリエンタルホテルの再開発プロジェクトは、幾多の逆境に直面しながらも、チームの高い目的意識と岡田さんというリーダーの強い行動意志の結果、予定通り開業することができました。開業後は、神戸の地元の人々はもちろん、国内外からも高い支持を集め、当初の予定を上回る来客数を記録し続けています。岡田さんとプロジェクトチームの蒔いた種が、大きく花を咲かせました。

リーダーとしての岡田さんは行動意志の強い方ですが、それは会社文化の影響もあったのかもしれません。というのは、ＰＤＳ社は社員1人ひとりの「ウィル（意志）」を非常に大切にする会社だからです。従業員教育においても、会社のミッションと個人のウィルが重なることが重視されています。

「会社の価値観と同じベクトルに向くためには、じっくりと時間をかけます。意図的にも行っていますし、働きながら自然と価値観が一致してくることもあります。結果として、社員の皆がこの会社のことを好きになり、おもてなしを通してお客様を幸せにする仕事にやりがいをもっているのです」と岡田さんは話します。

採用のときも、本人が何をやりたいのか、何ができるのか、それが会社のビジョンと一致しているのかを徹底的に聞くそうです。入社してからも、上司と部下の対話の機会が頻繁にあり、年に2回の「目標設定研修」では「将来何にチャレンジしたいのか」という「ウィル」を全社員が確認する場が用意されています。

岡田さんがリーダーとしてとくに意識しているのは、部下や若手に会社の将来像を語ることであり、これはＰＤＳ社のリーダーたちの習慣となっているそうですが、「リーダーは自分のウィルを語るだけでなく、積極的に部下が何をやりたいのかを聞くことが、彼らの一番のモチベーションにつながるのです」と岡田さんは言います。

その次のステップは、他の社員の前で自分が今後どうなりたいのかについて発表をする場を与えること。「はじめは人前で自分の将来像を語ることに慣れず、緊張もすると思います。でも、まずは１人、そして２人と少しずつ人数を増やしていくことで、いつかはリーダーとして10人や20人のチームの前でも自分の目標を話して巻き込んでいくことができる人材に育ってほしい」と言います。

若手に急激な成長は期待されていません。しかし、昨日よりも今日の自分が成長していてほしい。そのためにも自分のウィルをより多くの人に語れるようになってほしいと、ＰＤＳ社の次世代のリーダーは期待されているのです。人に語れるだけの強い「ウィル」が、「勇気」ある行動に結びつくということを、暗に期待しているかのようです。

勇気×行動が困難をワクワクに変える

岡田さんへのインタビューで、私は「過去に困難なことがあったときに、どう乗り越えたのですか」と質問をしました。するとその返事が興味深いものでした。「困難だと思ったことはない」と言うのです。「よく、学生からも『仕事でつらいことはありませんか?』と聞かれることがありますが、私は『ないですよ』と答えています。この仕事は毎日が修羅場で予想外のトラブルが起きる、エキサイティングな仕事なのですよ。前にやったオリエンタルホテルの開業も挑戦的だったといえばそうでした」とのこと。

「でも、この会社にいるリーダーは、『困難を楽しむような思考』があるのかなと思います。いかに楽しむかを考えるのです。たとえば今回、海外でレストラン、ウェディングを立ち上げる仕事をしているのですが、決めていることが2つあります。1つは最後まであきらめないこと。成功するまで絶対にやり遂げることです。そして2つ目が、とにかく楽しんでやることです」

岡田さんの現在の職務は、日本人や欧米人に人気のリゾート地バリ島で、レストラン、ウェディングの施設を開業するプロジェクトの責任者。「会社も『おもてなしを世界中の人々へ届ける』という理念を掲げていることもあり、私も海外には興味をもっていました。語学に対してはコンプレックスをもっていたのですが、このままでは前に進めないということで、40歳を前にして海外でのプロジェクトに手を挙げたのです」

「本当は、事前の役員会議で『このプロジェクトは若手に任せるのがいいんじゃないか』という話がありました。でも公募中に複数の役員から『岡田さんがやればいいじゃない』と冗談のように言われたのです。私は海外には行く気満々だったので、『自分でもいいんだ』と思って、早速その日に提案書を書いて、家内にも海外に移住する相談をしたのです。妻は『子どものセキュリティと学校が大丈夫なら』というのが条件でした。すぐにネットで調べて問題ないことがわかったら、『いいよ』ということで合意がとれました」

岡田さんは、「会社が『世界におもてなしを広げよう』と言っているのに、海外に行きたい人が誰もいないのはおかしい」と、ドメスティック寄りの雰囲気に疑問を感じてもいました。旅行や視察であれば多くの社員が手を挙げるのですが、住むとなると抵抗を感じる人が多かったのです。「このままでは会社が大きくなるにつれて保守的になってしまう」と危機感を持ち、風穴を空ける意味でも「僕行きますよ」と宣言したのでした。

まさに、行動意志が強い人の勇気あるリーダーシップです。

周りの人はとても驚いたそうです。「本当に行くの?」という声が多く、子どものことを心配してくれる人もいました。でも岡田氏は「私が行くことで現地の情報が社内にも流通して安心感を与えますし、若い社員のいい刺激にもなるのではと思っています」と、フロンティアを切り開くリーダーとしての心意気を感じさせます。

理想をもつ人は強い

続いて、レジリエンスの高いリーダーのポテンシャルを入社時にどう見極めるのかという話題に移りました。それについての岡田さんの見解が興味深いものでした。

「採用の候補者が打たれ強いかどうかは、見た目ではわかりませんし、面接をしてもなかなか判断することはできません。ただ、その人が本当に何をやりたいのかを理解することはできます。本心でそれをやりたい、達成したいと望んでいるのであれば、結果的に打たれ強くなるはずです。困難に直面して凹んでも、すぐに立ち直ることができる」

「それが困難を楽しくさせたり、困難を困難でなくさせたりするのだと思います。もちろん、過去振り返ることでその人が打たれ強いかどうかを判断することができるかもしれませんが、それ以上に自分がどうなりたいか、そして過去に目標に対してどういう取り組みをしたかを理解しようと努めます。それが本人が将来困難に向かってどうするかのエビデンスとなるからです」

「上司と部下の関係でうまくいかないこともちろんあります。人をマネジメントできないこともあります。でも私たちの会社の根底には、それでも楽しみながら仕事をしようというカルチャーが流れています。だから、どんな退屈な仕事でも楽しくできる自信があります。皿洗いでも床磨きでも、楽しんですることができるのです。誰かが暗い顔で仕事をしていると、『楽しくやったら？』と指摘します。『死ぬ気でやります』と言われたら『死ななくていいから、楽しくやりな』と返します」

強いウィル（意志）をもつこと、そして難しいことでも創意工夫して困難を楽しむような思考をもつこと、それらが逆境を乗り越えるための秘訣だということでした。

そんなリーダーのいる会社であれば、働きたいと感じる人も多くて当然でしょう。

リーダーの質は人格で決まる

ＰＤＳ社の岡田崇さんの次にリーダーの事例として紹介したいのが、私にとってリーダーの究極の手本である、元Ｐ＆Ｇ ＣＥＯのロバート・Ａ・マクドナルド氏です。私などがロールモデルとするのがおこがましいほどの卓越したリーダーですが、日本ではご存じない方も多いので、思い切って取り上げます。

ここでの事例は、私がP&Gにおいてマクドナルド氏のリーダーシップを観察学習した内容が基になっています。現在、CEO職を退任してワシントンDCで勤務されているマクドナルド氏には取材する機会がありませんでしたが、この事例を通して「世界クラスのリーダー像」が少しでも伝わることを願っています。

マクドナルド氏は、アメリカのウェスト・ポイント陸軍士官学校の出身です。ウェスト・ポイントといえば、リーダーシップ教育で世界的にも有名な機関で、数多くの研究書も出版され、米軍のみならず政財界で活躍するたくさんのリーダーを輩出しています。マクドナルド氏は、そこでリーダーとしての「基礎」を英才教育されたのでした。

ウェスト・ポイントで教えられる最も重要なことは「リーダーの質は人格によって決まる」ということ。米陸軍では勇気、決断力、誠実さなどの人格が求められ、自分の言葉や態度に責任をもち、行動を通してこれらの人格が表現されることが期待されるそうです。

たとえば、陸軍士官学校で下級生に許されていた回答は4つだったといいます。それは「はい（Yes）」「いいえ（No）」「言い訳はありません（No excuse）」そして「わかりません（I do not understand）」。勇気・決断力・誠実さが中心となる文化の下では、言い訳は許されません。実に厳しい環境です。

最近、日本企業の部課長の方の中には、「若手の成長を期待して、現在の仕事より一段高い能力が必要なプロジェクトを任せると、『そう言われても、私には無理です』『でも、うまくできないと思います』とすぐに断られてしまうのです」と困っている人が増えています。本人の将来のためになるからと考えてストレッチ・アサイメントを与えても、理屈や言い訳を並べられて若手に受け入れてもらえないのです。しかし、ウェスト・ポイントでは「でも（But）」という接続詞は禁句です。困難な任務を与えられても「はい、教官（Yes, sir）」と引き受けなくてはいけません。

マクドナルド氏は、軍隊と違って民間企業のP＆Gではそこまで厳しく社員に接することはありませんでしたが、私が当時所属していた事業部のトップとしてマクドナルド氏が赴任してからは、職場の雰囲気ががらりと変わったことを憶えています。

歴史のある他社と違い、当時のP＆Gはまだ国内では発展途上でした。ヘアケア製品や紙オムツなど革新的な技術を用いた商品を販売していましたが、私が所属していた事業部ではまだトップシェアブランドがありませんでした。本社にしてみれば「他国ではうまくいっているのに、なぜ日本だけトップになれないのだ」という不満があったでしょう。

そこで赴任したのがマクドナルド氏でした。「いよいよエース到来だ！」と私たちはワクワクしていました。実際、マクドナルド氏が真のリーダーだと確信するまでには、それほどの時間を必要としませんでした。

マクドナルド氏のキャリアは異色です。士官学校卒業後、米陸軍のパラシュート部隊の指揮官として活躍、その後退任してＭＢＡを取得、民間企業のＰ＆Ｇに入社したのです。

リーダーが信条を語るメリット

マクドナルド氏は「教授の瞬間」（Teaching Moment）を創り出す名人でした。マクドナルド氏と接するたびに、何か有用な学びを得ることができるのです。同じ会議に出席すれば教訓を得られ、個人的に接する機会があればその短い時間がコーチングとなり思わぬ洞察や気づきがもたらされることもありました。

マクドナルド氏はその「教授の瞬間」を、自分のリーダーとしての「信条」を教えることにより最大活用していました。機会があるたびに、社員に自分の信じることを語ってくれたのです。信念をもつことはリーダーにとって重要です。なぜなら、それが「行動意志」の基礎となり、ときには「恐れの感情」を克服する原動力となり、結果として勇気あるリーダーの行動に結びつくからです。

ただ、信念を内側にもつだけでは充分ではありません。それを「信条」として見える化し、自分についてきてくれる人たちにわかりやすく伝える努力を怠っては、独り善がりになってしまうからです。

リーダーが信条を語るようになると、３つのメリットが生まれます。

１つ目は「信頼感」です。信条の基となっているのは、自分自身の経験であることがほとんどです。とりわけ人生の大きな転機や将来を左右されるような逆境体験により生まれた価値観や洞察は、それがどれだけシンプルであっても個性的でゆるぎない独自の信条となります。自己啓発書や格言集から借りた受け売りの信条とは一線を画します。

結果、過去の転機の体験を通して信条を語るリーダーに、部下やメンバーは信頼を感じます。自己開示してくれたことに感謝し、「この人ならついていける」と感じます。

２つ目は「親密感」です。リーダーの信条を知ると、その人の人柄や生い立ちを深く理解できるようになります。信条はときおりストーリーとして語られることがありますが、人生の物語や逆境のストーリーに触れると「この人も私と同じ人間なんだ」と自然に感じられ、それがリーダーとの心理的距離を一気に縮め、親密感をもたらすのです。

私が過去に接したレジリエンス・リーダーは、どの人も非常に「わかりやすい」リーダーでした。その人が何を大切としているか、何を価値観とし、どのような意思決定をしているかが、手に取るようにしてわかるのです。実際に透明性のある人間関係を保ち、自分のことを隠さずに、相手に理解されようとする態度をもっていました。

臆病なリーダーとはその点が大きく異なります。勇気に欠けた人は、自分のことを覆い隠し、意思決定のプロセスを見せようとしない秘密主義をとるからです。

3つ目は「ブランドの形成」です。リーダーは信条を語ることで、自分独自のパーソナル・ブランドを確立することができます。『パーソナルブランディング 最強のビジネスツール「自分ブランド」を作り出す』（東洋経済新報社）の著者ピーター・モントヤによると、自分のブランドを示すことは「自分の存在が意味するものを相手に教えることだが、押し付けがましくない自然な形で行われるために、相手はそれを自分の認識として受け止める」効果があります。

世界で一流のブランドにはどれもその中核となる信条があるように、リーダーとしてのブランドを形成する際にも信条を伝えることが中心となります。本物のリーダーは、自分のブランドを確立し維持することに意識的です。

あるリーダーの信条①

マクドナルド氏にはいくつかの信条がありました。それをリスト化して一緒に働くメンバーには配布していたので、私たちはよく理解していました。しかし、聞くのと実際にその信条に沿った意志ある行動を目で見るのとでは、与えられるインパクトが大きく異なります。マクドナルド氏と同じ建物で働いた数年間は、ただ信条を述べるだけではなく、それらを実際に行動に移し、結果として事業と会社を再建するリーダーシップを観察することができたので、説得力がありました。

これからマクドナルド氏の信条のいくつかを紹介し、それがどのようなリーダーの行動で実現され、会社のポジティブな結果に結びついたのかを説明します。

マクドナルド氏の信条の1つが『誰もが成功することを望んでいる』でした。

マクドナルド氏が赴任する以前、私がいた事業部の雰囲気は「負け組」に近いものがありました。他の事業部が順調に成長している中で、競合に押されてなかなか目覚ましい成果を出すことができなかったのです。短期的にうまくいっても、市場シェアを死守する競合にすぐに反撃されてしまう。ハードに働いても、目に見える結果が出ない。目標の未達成が続き、難しい状況にありました。まさに組織のレジリエンスを必要としていたのです。

そこで期待のホープとして就任した事業本部長であるマクドナルド氏が語った信条が、前述の『私たちは皆、成功することを望んでいる』だったのです。失敗に慣れていた私たちは、かなり驚きました。「また突飛なことを言い出すアメリカ人が来たものだ」とも感じました。しかし、「あなたも失敗よりも成功を望んでいるはずだ」とズバリ言われると、「その通りです」と思わざるを得ませんでした。「今は負けや失敗が重なって、考え方も後ろ向きになりがちだ。でも、もともとこの会社に入ったのは、仕事で成功し、個人としても成長したかったからだ」という原点に立ち戻らされたのです。

負け組企業に入りたいという新入社員はいません。誰もが希望をもって入社第一日目を迎えているはずです。リーダーの役割は、社員に希望を与え、成功に向けて鼓舞することにあります。消えかけていた熱意の炎に、新たな火を点火することにあるのです。

マクドナルド氏は自ら規範を示し、努力を惜しまずに誰よりもハードに働いていました。

あるリーダーの信条②

私が「この人はすごいな」と感じたのが、ある商品の小さな成功を事業部全体の大きな成功につなげ、さらには会社全体の再起を実現したリーダーシップです。それは『成功は波及するものである』というマクドナルド氏の２つ目の信条を実践した結果でした。

マクドナルド氏は、リーダーの仕事とは、どんなに小さいものでも成功事例や成功者を社内で見つけ、その小さな成功をテコとして、より大きな成功のサイクルを創造することにあると考えていました。１つの成功は常に次につながり、成功した人間は他人が成功するために良い影響を与えると信じていたのです。そして、リーダーは、そのポジティブ連鎖にスイッチを入れ、そのサイクルを回し続けることが大切だと考えていたのでした。

たとえば、マクドナルド氏の赴任後に、私もチームの一員として担当していたある台所洗剤の新ブランドがテストマーケットで発売されたのですが、それが大成功したのです。

当時の台所洗剤は、老舗ブランドをはじめとする他社商品がトップ３の地位を揺るぎなく占めていました。そこで慎重に、新ブランドを全国発売せずに、まずは限定地区での販売から始めることになったのです。それがあっという間にＮｏ．１シェアを獲得してしまったのでした。

目標値を遥かに上回ったために、予定していた全国販売を遅延せざるをえない状況になりました。まさに嬉しい悲鳴です。「あの商品を早く出せ」という小売店からの要求に応えるために、工場での生産拡張を急ピッチで進めながら、必死で作業を続けていました。

競合もだまってはいません。熾烈な競争が繰り広げられました。

その間、マクドナルド氏はずっと私たちを後方支援してくれました。会社の上層部に生産拡張のための投資とマーケティング予算拡大の承認を速やかに取り、一刻も早く全国販売をするためのサポーターとなったのです。テストマーケットでの小さな成功を、全国での大きな成功に広げることができたのは、その商品に関わっていた全てのチームメンバーのハードワークと、トップのサポートがあったからだと実感しています。

興味深いのは、他の事業でも成功が相次いだことでした。成功が転移したのです。

隣で働いているチームの成功が代理体験となって、「オレたちもやればできる!」という他チームの効力感が高まったのです。その裏側には、社員を鼓舞し、成功を波及させようとするマクドナルド氏のリーダーシップがあったことはいうまでもありません。

あるリーダーの信条③

その後、マクドナルド氏がＰ＆Ｇジャパンの社長に就任してからも、成功のポジティブ連鎖は続きました。社長としての任務は「バブル崩壊後の不景気の中でも、高い成長を遂げる」ことでした。

マクドナルド氏は社員集会などで、大小の成功事例を取り上げながら「競争の熾烈な市場でも、私たちの能力をもって正しいことをすれば、勝利することができる」と数千人の社員を鼓舞しました。そして「自分たちも成功することができる」という考えが一気に広がったのです。

それは「ライバル企業に負けない」という競争心とは異なります。「オレたちはすごい」という過剰な自尊心でもありません。「世界一のメーカーだから日本でも勝てるはずだ」という、外資系にありがちな根拠なき自信でもない。もっと地に足のついたものでした。

なぜなら、社員にとっての成功とは、「世界の人々の暮らしの質を向上する」という企業理念を実現することにあったからです。「誰もが成功することを望んでいる」というリーダーの信条に共感した社員が、共通の目的意識を呼び覚まされたのです。

「何がうまくいかないか」を議論し続けることは、簡単です。ロジカル・シンキングに長けた人が陥りがちな悪癖です。しかし、それでは社員が「立ち止まった羊の群れ」となってしまい、どこにも移動することができません。組織とメンバーの気持ちが落ち込んで停滞しかけたときのリーダーの役割は、行動意志に火をつけて、アクションのための勇気を奮い立たせることです。マクドナルド氏は、自分の心情を熱く語ることで、社員が共通して目的としている企業理念に繰り返し立ち戻らせ、勇気をもって前に進む行動意志を高めたのでした。

その後、会社は商品開発やマーケティング手法、そして販売戦略における革新を実行し、多くのカテゴリで成功を収め、業績も躍進しました。一度は落ち込みかけたように見えた売上のトレンドが「底打ち」され、力強い上向き基調となって再起したのです。

マクドナルド氏のリーダーとしての3つ目の信条は『リーダーの真価は、本人が去った後に試される』というものでした。リーダーが不在であっても、ビジネスの成長を維持できるような組織力を構築することが重要だということです。

本物のリーダーを見極める目をもっていたのでしょう、マクドナルド氏の下では数多くの日本人リーダーが見いだされ、要職に抜擢され、会社の成長を率いていきました。本人も日本の社長として過去最高の成果をあげ、欧州での勤務を経て米国本社に戻り、Ｐ＆Ｇ社のＣＥＯとしてリーマンショック後の難局を乗り越える指揮をしました。

現在は、オバマ大統領に指名され、米国退役軍人省の長官としての重職をされています。

コミュニケーションの重要性

私がマクドナルド氏から学んだのは、リーダーとしての信条を、関わる人すべてに正しくコミュニケーションすることの大切さです。

私が接してきた優れたリーダーたちは、自分の信条を文章化し、Ａ４サイズの用紙に箇条書きにしてまとめて常に持参していました。それを使って、自分と働くことになった直属の部下や組織のメンバーに自己の信条を共有することで、相互理解を深める習慣をもっていたのです。まずは自己開示し、自分が何を大切としているかを知ってもらうことで、親密性のあるつながりをつくりだすのです。

マクドナルド氏は、『誰もが成功を望んでいる』『成功は波及するものである』『リーダーの真価は、本人が去った後に試される』といった信条をもっていました。それを社内での会議や社内報などで繰り返し社員に向けて発信していたのです。

私はマーティングを専門としてきましたが、効果の高い広告は、必ずシンプルでフォーカスされたメッセージがあり、それを対象者に向けて繰り返し伝達することを常としています。どれだけ大量の予算を投入して広告を制作しても、それを充分な頻度でお客さまに繰り返し見てもらえるだけの広告費が投下されなければ、意味がないのです。

リーダーが信条を伝える際も、同じです。信条をシンプルでフォーカスされたメッセージとしてまとめ、それを対象とする相手に反復して伝えることが重要なのです。しつこいと思われるくらいがちょうどいいはずです。人はすぐに忘れてしまうからです。

信条の数に関しては、10が最大数だと思われます。マクドナルド氏の信条も10でした。ポイントは、想起されやすいシンプルさと簡潔さです。量は問題ではありません。中国の古典での難しい漢語を用いたり、長い故事成語を引用することは、本人のプライドは高めますが、受け手の記憶効果は下げてしまいます。

とくに、その信条が、リーダーがどん底を経験したときの逆境体験から得られた教訓であると、とてもパワフルなメッセージになります。それは「この人も大変なときがあったんだ」という共感性や親密感を招き、リスペクトのある関係を生み出すからです。人は自分の弱みやつらかった経験を自己開示してくれる相手には、親しみと敬意を感じるからです。
その勇気ある誠実な姿が信頼関係を生み、社員を育てます。リーダーの勇敢な態度は、社員にも影響し、チームや組織全体を目標に向けての勇気ある一歩へと導くのです。

教訓

- どんなときにも自分のウィル（意志）をもつことが、希望を見出し逆境を乗り越えるリーダーシップとなる。
- リーダーが自己のウィルを語り、積極的に部下のウィルを問いかけることは、ついてくる人たちの行動意志を育み、組織内に将来に向けての意欲が生まれる。
- 打たれ強いリーダーは、退屈な仕事にも楽しみを見出し、困難な問題も楽しみながら乗り切ることができる。
- 信条を繰り返しコミュニケーションすることは、リーダーとしては大切である。その信条が逆境体験からの教訓であれば、なおさら共感され効果的だろう。

・組織のレジリエンスを強化するには、まずは「自分たちは成功できる」という組織効力感を醸成し、小さな成功を見出し、それを大きな成功に転移させるリーダーシップが必要である。

レジリエンス・リーダーになるための必読の15冊

本書を読んで、『レジリエンス・リーダー』にさらに興味をもった方に、おすすめの15冊を紹介します。

『経営者の条件』（ピーター・F・ドラッカー）

最も有名な経営学者の一人であり、マネジメントを発明したドラッカーが、おそらく具体的なノウハウを記した唯一の書です。原題の「The Effective Executive」に表されるように、本書のテーマは「成果をあげるために経営管理者がすべきこと」です。

それには「自らをマネジメントすることが重要である」と説いています。自分を管理できない人が、部下や同僚を管理することは無理だからです。そして業績をあげるためには、生まれつき必要なものは何もなく、本書で述べているいくつかのことを実行すればよいと断言しています。「リーダーシップとは、カリスマ性でもなく、資質でもなく、仕事である」と喝破したドラッカーならではの考えがあふれています。約50年前に書かれた本ですが、現代にも充分通用する内容です。

『幸之助論――「経営の神様」松下幸之助の物語』（ジョン・P・コッター）

数ある「松下幸之助」氏に関する本の中でも、最も説得力のある1冊ではないかと思います。松下幸之助氏が、人生の修羅場をどうくぐり抜け、レジリエンスの強いリーダーとして成長したかが、ハーバードビジネススクールのコッター名誉教授の史実に忠実に基づいた分析的な視点から物語られています。監修の金井壽宏教授の解説も勉強になり、戦後のどん底から再起するプロセスは、とても励まされます。

『一勝九敗』（柳井正）

松下幸之助氏が昭和を代表する逆境に負けない経営者だとしたら、平成を代表するのは柳井氏かもしれません。現在、一兆円企業で世界一のファッション企業を目指す「ユニクロ」は、実は失敗続きでした。数々の意外な事実を創業者自ら包み隠さず語るレジリエンス・ストーリー満載の本書は、逆境を乗り越える指針が書かれた経営書としても秀逸な本です。

『前例がない。だからやる！』（樋口廣太郎）

現在ビール市場シェアトップのアサヒビールは「夕日ビール」といわれるほど企業としてのどん底にありました。そこから復活させた中興の祖の一人が、樋口廣太郎・元社長です。住友銀行で当時最年少で副頭取に昇り詰め、頭取への直言が関係してアサヒビールに出向を命じられるという逆境にあいながらも、ネアカ経営をベースとして企業活性化に取り組んだ実例が豊富に含まれています。

『社長業のすすめ方――着実な繁栄と高収益構造への着手』（牟田学）

「事業繁栄の究極のコンセプトは『成長拡大』と『安定』を〝同時〟に〝意図〟して行うことである」と説いた、社長業を営む人のバイブル的な本です。社長でない人が読んでも、示唆に富み、リーダー的なマインドが形成される指南書となります。

『人物を修める　東洋思想十講』（安岡正篤）

東洋哲学研究の第一人者で、戦前戦後の歴代総理のメンター的な存在だった安岡正篤氏の数ある著作の中でも、もっともわかりやすく読める一冊です。住友銀行の幹部向け10回講座で話された内容がまとめられているからでしょう。儒教、仏教、老荘、神道といった、人物を修養するための東洋思想を、リーダーのための教養として学ぶには最適です。

『未来企業――レジリエンスの経営とリーダーシップ』（リンダ・グラットン）

「変化が激しい世の中では、企業も組織も個人もしなやかに適応できるレジリエンスが必要である」という考えに基づいた、事例も豊富なロンドンビジネススクールでベストセラー『ワーク・シフト』の著者リンダ・グラットン教授の書です。

『Give & Take 「与える人」こそ成功する時代』（アダム・グラント）

注目の組織心理学者グラント教授の全米ベストセラーの訳書です。一橋大学大学院の楠木建教授の「監訳者のことば」に目を通すだけでも価値があります。ギバーとテイカーの心理とバランスを知ることは、すべてのリーダーの教養になるでしょう。

『内向型人間の時代』（スーザン・ケイン）

内向的な人はリーダーに向いていないと思われがちですが、実は革新的な技術や歴史に残るような芸術は、静かで内向的な人たちによって創造されたことを、豊富な心理学の研究に照らし合わせながら論じています。

『仕事で「一皮むける」』（金井壽宏）

神戸大学大学院の金井壽宏教授が中心となって実施された経営者への調査がベースとなった、キャリアの節目における内的な変化がまとめられた1冊です。初めての異動、初めての部下、新規事業の立ち上げ、海外勤務、ラインからスタッフ部門への配属、昇進・昇格や左遷・降格など、ビジネスパーソンとしては避けて通れないような仕事における逆境の具体的な事例とその教訓が知識として蓄積される本です。

『リフレクティブ・マネジャー』（中原淳・金井壽宏）

東京大学大学院の中原淳准教授と金井壽宏教授の書簡対談形式の本です。ミドルマネージャーに対して常に勇気づけられるメッセージを発してきた両者が、仕事を振り返るというリフレクティブ行為が働く大人の成長につながると説いた書です。

『優れたリーダーはなぜ「立ち止まる」のか?』(ケヴィン・キャッシュマン)

物事をうまく進めるのがマネージャーで、人々を人格で導くのがリーダーである、といったマネージャーとリーダーの比較論が豊富な点が特徴の本です。ポイントは先へ進むために立ち止まること。そして自己認識を高め、目的意識を明確化することです。仕事では経営者にエグゼクティブ・コーチングやリーダー研修を行い、プライベートではTM瞑想を実践している著者ならではの持論が展開されています。

『関わりあう職場のマネジメント』(鈴木竜太)

神戸大学・鈴木竜太教授の日経・経済図書文化賞、組織学会・高宮賞を受賞した、組織開発に関わるすべての人の必読の書です。支援・創意工夫・勤勉の3つの働き方のある「強い職場づくり」の秘訣が理解できます。

今日からできる！　レジリエンス・リーダーの7つの習慣

逆境に強いリーダーになるための参考書と思える必読の15冊を紹介しましたが、本は読むだけでは何も変わりません。私たちの知的好奇心を満たすだけで行動をしないことには、人生にも仕事にも変化を起こすことはできないのです。

ただ、本を読んで、知識を蓄えることはやさしいのですが、それを実践することはむずかしいものです。私は、人を批評批判するばかりで自分では何のアクションも起こさない人を「言うだけ番長」と呼んでおり、有言不実行の人よりも、黙って粛々と実行する人のほうが尊敬に値すると考えています。

しかしながら、リーダーには目的意識を掲げ、人を巻き込み、やる気を奮起させ、手助けをして達成に導くことが期待されます。コミュニケーションなしでは、現代社会でリーダーとしてやっていくのはむずかしいのです。

だからといって「言うだけ番長」になってもいけない。「オレ、オレ」的な自己顕示欲が強い「カリスマリーダー」よりも、人のがんばりを批判して、自分は何もしないリーダーのほうが組織に悪影響を与えると思います。人が入っては辞めていくような「幽霊船組織」には、そのタイプのリーダーが多いのではないでしょうか。

有言不実行のリーダーの真の問題は、性格ではなく、レジリエンスが脆弱なことだと私は考えます。失敗することを怖れているので、行動に落とすことができない。自分は偉そうに指示をするだけで、他人に任せる。批判的な立場をとることで、自尊心を守る悪癖をもっているのです。クリティカル・シンキングを学んでも、自己正当化だけに使っていては、仕事になりません。

私たちが目指すべきは、有言不実行でもなく、無言実行でもなく、有言実行型のリーダーです。そのためには、日頃からセルフマネジメントを心がけ、レジリエンスを鍛えることが肝要です。そこで、本書を読んで「自分も逆境に負けないリーダーを目指そう！」と思われた皆さんに、ぜひ今日から実践してほしい「レジリエンス・リーダーになるための7つの習慣」をおすすめします。

元祖『7つの習慣』の作者スティーブン・コヴィー博士も伝えていますが、毎日の歯磨きのように人格を磨く習慣を行動として身につけていくことで、信頼を得て、人からも持続的に評価され、真の成功へと導かれるものです。

ここでおすすめする習慣は、レジリエンス力を高めるためのプログラムである「レジリエンス・トレーニング」で教えられていることをベースとしています。

プログラムの詳細は、拙著『世界のエリートがＩＱ・学歴よりも重視！「レジリエンス」の鍛え方』（実業之日本社）と『なぜ、一流の人はハードワークでも心が疲れないのか？　実践版レジリエンス・トレーニング』（ＳＢクリエイティブ）をご参照ください。前書ではレジリエンスを鍛える７つの技術が、後書ではストレスや困難で悩むビジネスパーソンのリアルな19の事例に対処するレジリエンスの実践法が説明されています。

第１の習慣　気持ちのクールダウンをすること（頻度：ストレスを感じるたびに）

『レジリエンス・リーダー』になるための基本は、ネガティブ感情のマネジメントです。ビジネスパーソンにとっては、ストレスが大きな問題となっています。職場でのストレスがうつ病などのメンタルヘルスの問題の原因となるとして、厚生労働省も企業に「ストレスチェックの義務化」を指導しています。既に定期健康診断での問診票に不安や睡眠障害に関連する項目が含まれている企業も多いのではないでしょうか。

ただ、根本的な問題は、ストレスではなく、ストレスが起因として生まれるネガティブ感情にあるのではないかと考えられます。ストレスには「ユーストレス」といわれる、やる気を促す良性のストレスも存在するからです。しかし、ネガティブな感情が発生し、それが過剰になってしまうと、健康的なリスクから人間関係を破壊するリスクまで、さまざまな問題が発生してしまいます。

外からやって来るストレス（つまりストレッサー）をゼロにすることはできません。たとえ日本人が大好きな憧れのハワイに移住しても、ストレスを感じることはあるのです。社員が幸せでやりがいが高いといわれている会社で働いていても、仕事や人間関係のストレスは当然存在します。

レジリエンス的思考の持ち主は、変わらないものを懸命に変えようとするのではなく、自分で変えられるものにフォーカスします。この場合、自分でコントロールできるものは、ストレスではなく、ストレスの結果内面で生まれるネガティブ感情なのです。

ネガティブ感情をマネジメントするためには、その実体に気づかなくてはいけません。感情を認識する習慣が大切なのです。活動的な人ほど意識が外に向いていますが、自分の感情に左右されないリーダーに育つためには、意識を内面に向ける訓練が必要です。

ところが、トラブルや失敗などに巻き込まれ、心が動転してパニックになりそうなときには、私たちは思考停止の状態に陥ってしまいます。実際に脳の機能がストップするわけではないのですが、冷静に物ごとを考えられなくなってしまうのです。

その結果が「過剰な罪悪感」です。「自分が悪い」「人に迷惑をかけた」と自責の念が強くなり、罪悪感というネガティブ感情が生まれてしまうのです。

まじめでがんばりやな人ほど、失敗体験をしたときに必要以上の自責と罪悪感を感じてしまいます。罪悪感は私たちの元気や活力を消耗させてしまうので、その感情が繰り返されると「バーンアウト（燃え尽き）」の心理状態になってしまうこともあります。まじめで努力家のリーダーが燃え尽きて組織を去って行くのを見るのは、とても悲しいことです。

それを避けるためには、予想外の失敗をしたときや強いストレスを感じたときには、まず感情をクールダウンする習慣をもつことです。最適な方法は、「マインドフルネス呼吸法」です。ストレス低減の効果が科学的に実証されているマインドフルネスで使われている手法です。ゆっくりと4秒ほどかけて息を吸い、6秒ほどで息を吐く。この深呼吸を繰り返します。2～3分もすると、心に落ち着きが戻って来るのではないでしょうか。

第2の習慣　感情のラベリングをする（頻度：ストレスを感じるたびに）

2つ目が「感情のラベリング」です。困ったことが起きたとき、人間関係の問題が発生したときに、胸のうちに発生したもやもやしたネガティブ感情をそのままにしておくと、反芻されてしまいます。延々と繰り返されてしまうのです。

ネガティブな感情の特徴は、しつこいことです。まるでストーカーのように私たちを追いかけ、芋づる式に別のネガティブ感情の仲間を呼び出します。複雑化したネガティブ感情のなかには、自分をカッとさせる怒りや元気を失わせてしまう不安などが絡み合っています。逆境になると気分が上下して自分でもコントロール不能になるのは、ネガティブ連鎖が起きているのです。

そこで、感情に名前を付けて（つまりラベリングして）、見えない感情を見える化する習慣が重要となります。身体の不調を感じたときに、医師から的確な診断を受けると、それだけで身体の調子が戻ったような気になりませんか。ネガティブな感情も、実体が見えないとイライラや憂鬱が続きますが、正体が明らかになると主導権が自分に戻されたかのような力強さを感じるものです。また、複雑化したネガティブ感情にラベリングをして個別具体化すると、対処もしやすくなります。問題となる対象を、対処可能なレベルにまでセグメント化することは、問題解決の基本です。

感情ラベリングの達人になるには、感情のボキャブラリーが必要です。海外ではＳＥＬ（社会感情教育）が導入され、子ども達は豊富な感情言語をもち、いじめの予防にも役立っているようですが、日本では広がる見込みは薄いようです。

社会人の私たちとしては、俗にＥＱと呼ばれる「感情知能（Emotional Intelligence）」の勉強などを通して、感情認識力を高めることが必要なのかもしれません。

第３の習慣　ストレスの宵越しをしない

（頻度：毎日）

自分の感情を認識できるようになったら、次が「ネガティブ感情の気晴らし」をする習慣です。この習慣をもっているかどうかが、リーダーとして長く働けるかにつながると私は考えています。それほどまでにクリティカルな習慣だと思っています。

テラモーターズの徳重社長も本書のインタビューでおっしゃっていましたが、リーダーが道の半ばで挫折する最大の理由は「メンタル」にあると思われます。ストレスと不安とプレッシャーで心が折れて、再起できなくなってしまうのです。

そうならないためにも、その日に生まれたネガティブな感情は、その日のうちに気晴らしすることを強くすすめます。ストレスの宵越しはしないのです。

従業員の意欲的な働き方を調査したある研究によると、エンゲージメント（貢献意欲）の高いビジネスパーソンには、「朝の目覚めの質が高い」という共通点があったそうです。深く安らかな睡眠を確保していることがその背景にありました。

さらには、その人たちは、仕事後のプライベートな生活では、仕事に対しての「メンタル・ディタッチメント」の度合いが高いこともわかりました。仕事への執着心を断ち切っていたのです。帰宅後に、やりかけの仕事の心配に心をわずらわされず、職場での人間関係の問題にクヨクヨ悩むこともなかったのです。

しかしながら、仕事からプライベートモードに切り替えることは容易ではありません。とくにネガティブな感情が生まれるような嫌なことがあった場合は、気持ちが落ち込んだままで帰宅し、そのまま寝てしまうこともあります。睡眠は身体の疲れの回復には役立ちますが、ネガティブな感情がしつこく繰り返されることによる心の疲労は寝るだけではなかなか解消することができません。

そこで、ネガティブな感情を別の対象に切り替える「気晴らし」の習慣が大切となります。その方法には、「運動系」「音楽系」「呼吸系」「筆記系」などがあり、それぞれ効果が実証されています。

ポイントは、自分が好きで、生活のリズムに合ったものを選ぶことです。たとえば、スポーツに熱中できる人は、仕事後にジムで走って汗を流したり、フットサルをしたり、スイミングをすると、その運動行為に没頭できる「フロー」の心理状態に入ることがあります。これは精神健康上、とても有効なこととなります。

私の場合は、通勤時間に好きな音楽を聴き、２日に１回20分間のジョギングをして、毎晩寝る前に15分ほどの瞑想をし、嫌なことがあればＡ４サイズのコピー用紙を取り出して思いのままに書きなぐるライティングセラピーを習慣としています。

この習慣を続けると、ストレスに対しての耐性が身につくからでしょうか、困ったことがあってもあまり深刻にならず、クヨクヨ悩み続けることもなくなり、リクルートライフスタイル社の北村社長のいうように「損切り」が早くなります。ネガティブ感情に囚われずに快活に仕事ができ、感情に邪魔された無駄な時間もなくなり仕事の効率も高まるので、一石二鳥です。

第4の習慣　お手本を見出すこと（頻度：年数回）

第1から第3までは、『レジリエンス・リーダー』になるための基礎ともいえるネガティブな感情をマネジメントするための習慣でした。次の第4から第6までは、逆境で精神的に落ち込んでから、元の状態にまで立ち直るために必要な心理的な筋肉「レジリエンス・マッスル」を養うための習慣です。

まず1つ目が「自己効力感」です。レジリエンス・リーダーとしての自信です。

その自己効力感を高めるために最も有効なのは「実体験」です。成功体験を重ねることです。しかし、成功の裏側には失敗があり、大きな失敗体験はうまく認知的な処理ができないと、自分の効力感を下げてしまうこともあります。

そのため、自己効力感を養う2つ目に有効な方法である「代理体験」が大切となります。自分が必要としている能力をもった「お手本」を探す習慣が『レジリエンス・リーダー』になるためには重要なのです。

私は会社で勤めていたときには、「この人を手本にしたい」と考えた人をリストアップして、その人が他者を巻き込むリーダーシップをじっと観察し、ときにはランチのお願いをして考え方や話し方を学びました。今でも気になる人がいれば、著者という立場を利用して取材の申込をしたり、講演会やセミナーに参加して登壇者の表情までよく見える最前列の席を確保してじっくりと観察したりしています。

たとえば、講師の仕事を始めたときは、経験も自信もなかったので、自分が講師として優れていると考えた人の講座やセミナーに参加して、お手本としたものです。とくに自分と同世代で同じような職歴をもった人が立派に登壇しているのを見ると、それだけで「私もできるかも」と思えたものです。

お手本は、新しい職務に就いたときにはとくに大切です。就職・転職・異動・転勤・出向などの際には、自己効力感が必要となるからです。ぜひ習慣としてください。

第５の習慣　ストレングス・ユースすること（頻度：年数回）

５つ目が、自分の「強み」を把握して、それをリーダーとしての仕事に活かす習慣です。これを「ストレングス・ユース」といいますが、これが大事なのは、強みを活用することが、レジリエンス・リーダーに欠かせない「自尊心」を形成する効果があるからです。

自尊心とは、別名自己肯定感や自己価値とも呼ばれる心理的資源です。自分を否定せずに肯定し、自分の価値を認める自尊心をもつと、逆境下でも自分に対して前向きな評価を保ち、困難なときでも「自分は負けない」と感じる心の強さが得られます。

ところが、私たち日本人はこの自尊心があまり高くはありません。親や先生からほめられることが少ないこと（とくに思春期以降になると、急に子どもをほめることが少なくなります）、そして他者からの評価を過剰に気にしすぎることが理由としてあげられます。

自尊心が低いと、何かチャレンジする場面で「自分には無理」と消極的にあきらめてしまうのです。これはリーダーとしては致命的です。フォロワーの模範にもなりません。

海外に駐在して働くグローバルリーダーには、高いレベルでの自尊心が求められます。アメリカ人や中国人、東南アジア人は、自尊心が高く教育されているようで、日本人とギャップが見られます。

自尊心を形成するには、人から賞賛されることが有効ですが、それは自分のコントロールを超えたものです。また他者からほめられることを意識しすぎると、レジリエンス・リーダーではなく、自分を偽って周りから認められることを重視する「奉公型リーダー」になってしまいます。

そこでストレングス・ユースをすることが考えられます。そのためには、まず自分を特徴づける「強み」を把握すること。ポジティブ心理学をよく理解したコーチやカウンセラーと対話をすることが一つの方法ですが、強みを無料で自己診断できる便利なツールも存在します（詳しくはhttp://www.positivepsych.jp/via.html を参照してください）。

そして自己認識した自分を特徴づける強みを仕事で活かす習慣をもつことです。その習慣をもつと、自尊心が高まり、幸福度が向上し、不安や睡眠障害などの抑うつの症状が低減するというメリットがあることもわかっています。

強みを活かしているリーダーは、活力にあふれ、キラキラと輝いています。今の仕事で活かすことができなければ、自己の強みをベースに職務をつくりかえることを推奨します。

第６の習慣　サポーターに感謝をすること（頻度：年数回）

自分ではどうしようもできない逆境は、信頼できる他者の支援なしでは乗り切ることができません。自分のできることとできないことを理解する自己認識をもち、謙虚さもあるレジリエンス・リーダーは、カリスマ的なリーダーと違って、自分一人の力ですべての問題を解決しようとは考えません。周りの助けを積極的に求める支援希求力があります。

ここでのおすすめの習慣とは、まず自分の支援者となるサポーターをリストアップすることです。それには、新たに人脈を開拓するのではなく、過去の経験を振り返って自分を助けてくれた人を思い出すことから始めるのがいいかと思います。

大変だったときに、心の支えとなってくれた人。気分が落ち込んでいたときに、その人のそばにいるだけで安心できた人。厳しく叱咤しつつも、自分を励ましてくれた人。なかには、テラモータースの徳重社長の場合のように〝書籍を通して自分に希望を与えてくれた過去の偉人〟も、自分のキャリアチェンジのきっかけとなる機会を差し出してくれた湯藤さんの〝兄の知人〟という情報提供者も、サポーターに含まれます。

サポーターが明らかになった次が、その相手に感謝の念を送ることです。心理学の研究では、感謝のポジティブ感情が豊かになると、ストレスに対しての耐性がつくということがわかっています。しかもメンタル面でも強くなり、免疫力も強化されます。感謝が豊かな人は、思考・感情・身体がとても健康的なのです。

自分の恩人でもあるサポーターに、ときおりメールや電話で連絡し、感謝の気持ちを伝えるきっかけとしてはどうでしょうか。もし親がそうであれば、父の日や母の日という便利なシステムがあります。誕生日をそのきっかけとすることも考えられます。

私は自分の著作を手紙と一緒にサポーターに送ることがあります。本を差し上げるときには、なぜか感謝を伝えやすいのです。喜んでいただけることも多い。

うちの息子には、本人の好きな『ワンピース』の事例を使って「感謝が豊かになると、武装色の覇気を纏うように、ストレスから心が守られるからいいよ」とすすめています。旅行先で祖父母に手紙を書くことが習慣となっています。

ただ、手紙で感謝の気持ちを伝えることを恥ずかしく感じる人もいます。私もその一人です。研究によると、感謝の手紙は書くだけで本人の感謝の感情が増幅する効果があることがわかっています。送付せずに机の中に入れておくのもいいでしょう。

第７の習慣　ときおり立ち止まって半生を振り返ること（頻度：年１回）

世界で最も成功したリーダーの１人であるビル・ゲイツは、マイクロソフト社のＣＥＯとして経営していた当時、年に２回アメリカ北西部にある隔離された静かな土地で「Think Weeks」というリトリートを行っていました。これは知的でポジティブなひきこもりです。

その期間は、幹部社員や家族でさえもコンタクトをとることは禁止されていました。完全に独りになったビル・ゲイツは、多忙な日常では目にする時間がとれなかった社内の「極秘レポート」を精読し、会社の将来とIT業界の未来について熟考していました。革新的な戦略やアイデアが数多く生まれたそうです。アップル社のスティーブ・ジョブズやフェイスブック社のマーク・ザッカーバーグも知的なひきこもりとしてリトリートを習慣としていたといいますが、多忙な私たちにはそれは贅沢かもしれません。

ただ、忙しく働く生活でときおり立ち止まり、自分の半生を振り返り、うまくいったことや失意や苦労を落ち着いた心で俯瞰して、おのれの本質を理解して自分の内面にある自分らしいリーダーシップの核に気づくことは、レジリエンス・リーダーとしてのすべての行動の基礎となる自己認識力を高めてくれます。

過去の経験を省みるために、「逆境グラフ」を描くこともおすすめです。私は部課長向けのレジリエンス・トレーニングでも、キャリアの振り返りのために描いてもらいます。はじめは参加者からやや抵抗感を感じますが、マジックペンを手にしてグラフを書き始めると、皆さんすぐに回想と創作の思考活動に没頭されます。

そこで出来上がった創作物としての逆境グラフは、実に個性的です。過去に何百という逆境グラフを見てきたのですが、どれ1つとして同じものはありませんでした。自分のキャリアをどう見ているかがよくわかります。たとえば、還暦を迎えたばかりの60歳社長が書いた逆境グラフは、山有り谷有りの非常に複雑なもので、そのタイトルは「七転び八起き」でした。自己認識が深い証拠です。

ポイントは、自分の人生やキャリアの「どん底」の地点から、どのようにして立ち直ったか、上に向いたベクトルでの体験を思い出すことです。失敗体験を回想することが目的ではありません。逆境を乗り越えた経験を振り返ることです。

そして、肝心なのは、人生に起こった事実ではなく、自分がどのような意味づけをしたのかを振り返ることです。その内省で新たな意味が見つかったら、意味づけを書き換えればいいのです。人生の物語の主人公はあなたであり、作者もあなたなのです。

自分のレジリエンス・ストーリー、つまり逆境を乗り越えた物語とその体験から学んだ教訓がまとまったら、ぜひその物語を部下やスタッフに語ってください。成功体験を聞く以上に、学ぶことが多いと思います。

成功物語からはその人の能力が理解できますが、逆境物語からは本人の人格が感じられます。それは自分の弱みを見せることになるので、自己開示のための勇気と自己寛容力が試されますが、一緒に働く人たちにとっては「この人なら信頼できる」と感じさせる誘因ともなります。

ぜひ人前で自分の逆境体験とそこから学んだ教訓を語れる、本書でご紹介したレジリエンス・リーダーのような人物になってください。

おわりに

本書に興味をもっていただき、ありがとうございました。皆さんにとって役に立てば、幸いです。本を書くだけでは変化を生み出すことはできませんが、読む人のマインドを高めることで、行動のきっかけとなることは可能だからです。

私はこんなことを偉そうにいえる立場にはいませんが、現代の日本が抱える最大の課題は「リーダーが充分にいないこと」にあると考えています。そして、これはかなり由々しき問題だと感じています。海外に住んで今の日本を外から見ているからかもしれません。

もし政治や企業で問題がなかなか解決しないとしたら、それは質の高いリーダーが不足しているからです。将来を担う次世代リーダーにいたっては、近隣のアジア新興国では大量生産される一方で、日本ではその数が圧倒的に足りません。なぜ、このことについてもっと多くの人が危機意識をもたないのか、不思議なくらいです。

歴史を省みても、リーダーの数が欠如しフォロワーばかりになった国や企業は、より強いリーダーシップをもった相手に支配されています。それでは国や企業、そして個人は犠牲者意識をもち、不幸を感じてしまいます。その状態を避けるためにも、もっと多くの人がリーダーを目指すべきではないでしょうか。
そうはいっても、いわゆるアメリカ的な「カリスマリーダー」になることは難しい。しかし、本書で提案するような、日本人としての強みを活かしたリーダーには、なることがじゅうぶんに可能だと思います。たとえば、日本人の多くが『レジリエンス・リーダー』になったら、国も企業もより強くたくましくなることが期待されます。そして本人が満たされます。なぜなら、レジリエンスを身につけた先には、仕事を通した充実と人生の幸福が待っているからです。

取材にご協力くださった湯澤剛様、徳重徹様、北村吉弘様、湯藤寿人様、岡田崇様、そして本書の出版のお話をいただき、編集を担当していただいた大村まり様に厚く御礼を申し上げます。私の執筆を応援してくれている妻と2人の子どもたちにも感謝します。最後になりますが、本書を手に取って下さった読者の皆様にも御礼を申し上げます。

参考書籍・文献

『世界のエリートがIQ・学歴よりも重視！「レジリエンス」の鍛え方』久世 浩司（実業之日本社）
『心的外傷後成長ハンドブック』宅香菜子・清水研 監訳（医学書院）
『経営者の条件』ピーター・F・ドラッカー（ダイヤモンド社）
『オプティミストはなぜ成功するか【新装版】』マーティン・セリグマン（パンローリング）
『経世瑣言』安岡正篤（致知出版社）
「成功の本質 Vol.71 テラモーターズ」野中郁次郎・勝見明『Works』122号
『「メイド・バイ・ジャパン」逆襲の戦略』徳重徹（PHP研究所）
『つながり 社会的ネットワークの驚くべき力』ニコラス・A・クリスタキス、ジェイムズ・H・ファウラー（講談社）
『敬天愛人』稲盛和夫（PHP研究所）
『生き方』稲盛和夫（サンマーク出版）
『Give & Take「与える人」こそ成功する時代』アダム・グラント（三笠書房）
『関わりあう職場のマネジメント』鈴木竜太（有斐閣）
『顧客ロイヤルティを知る「究極の質問」』フレッド・ライクヘルド（ランダムハウス講談社）

『激動社会の中の自己効力』アルバート・バンデューラ（金子書房）
『モティベーションをまなぶ12の理論』鹿毛雅治・編（金剛出版）
『リーダー・セラピー　マイクロソフトの強さの秘密』アンナ・ローリー（阪急コミュニケーションズ）
『「勇気」の科学』ロバート・ビスワス＝ディーナー（大和書房）
『パーソナルブランディング　最強のビジネスツール「自分ブランド」を作り出す』ピーター・モントヤ、ティム・ヴァンディー（東洋経済新報社）
『SPARK Resilience Training』Ilona Boniwell, Lucy Ryan (Positran)
『Translating Positive Psychology in to Business Strategy in Shell』Alistair Fraser (Symposium at ECPP)
『Strengths Finder 2.0』Tom Rath（Gallup Press)
『Recovery, work engagement, and proactive behavior: A new look at the interface between non-work and work』S. Sonnentag (Journal of Applied Psychology, 88, 518-528.)
『378 people 'pay it forward' at Starbucks』(USA Today, August 21, 2014)
『How to Be a Positive Leader』Jane E. Dutton, Gretchen M.Spreitzer (Berrett-Koehler Pub)
『The strength of weak ties』Mark S. Granovetter (American journal of sociology: 1360-1380.)
『Handbook of Hope: Theory, Measures, and Applications』C.Richard Snyder(Academic press)

久世　浩司（くぜ・こうじ）
ポジティブ サイコロジー スクール代表。
株式会社レジリエンスコンサルティング代表取締役。
慶應義塾大学卒。P&Gにて、高級化粧品ブランドのマーケティング責任者としてブランド経営、商品・広告開発、次世代リーダー育成に携わる。その後、ポジティブ心理学およびレジリエンスを活用した人材育成に従事。NHK「クローズアップ現代」にてレジリエンス研修が放映された。著書に『世界のエリートがIQ・学歴よりも重視！「レジリエンス」の鍛え方』（実業之日本社）、『なぜ、一流の人はハードワークでも心が疲れないのか？』（SBクリエイティブ）などがある。
認定レジリエンス マスタートレーナー。
Web:　www.positivepsych.jp
Email:　info@positivepsych.jp

PHPビジネス新書　324

リーダーのための「レジリエンス」入門

2015年1月8日　第1版第1刷発行
2023年12月15日　第1版第3刷発行

著　者　久世浩司
発行者　永田貴之
発行所　株式会社PHP研究所
東京本部　〒135-8137　江東区豊洲5-6-52
ビジネス・教養出版部　☎03-3520-9619（編集）
普及部　☎03-3520-9630（販売）
京都本部　〒601-8411　京都市南区西九条北ノ内町11
PHP INTERFACE　https://www.php.co.jp/
装幀　齋藤 稔（株式会社ジーラム）
組版　朝日メディアインターナショナル株式会社
印刷所
製本所　大日本印刷株式会社

ISBN978-4-569-82167-2

「ＰＨＰビジネス新書」発刊にあたって

わからないことがあったら「インターネット」で何でも一発で調べられる時代。本という形でビジネスの知識を提供することに何の意味があるのか……その一つの答えとして「**血の通った実務書**」というコンセプトを提案させていただくのが本シリーズです。

経営知識やスキルといった、誰が語っても同じに思えるものでも、ビジネス界の第一線で活躍する人の語る言葉には、独特の迫力があります。そんな、「**現場を知る人が本音で語る**」知識を、ビジネスのあらゆる分野においてご提供していきたいと思っております。

本シリーズのシンボルマークは、理屈よりも実用性を重んじた古代ローマ人のイメージです。彼らが残した知識のように、本書の内容が永きにわたって皆様のビジネスのお役に立ち続けることを願っております。

二〇〇六年四月

ＰＨＰ研究所